Wissenschaftliche Beiträge
aus dem Tectum Verlag

Reihe Soziale Arbeit

Wissenschaftliche Beiträge
aus dem Tectum Verlag

Reihe Soziale Arbeit
Band 10

Ina Ackermann

Begleitete Elternschaft

Menschen mit geistiger Behinderung
zwischen Elternrecht und Kindeswohl

Mit einem Vorwort von Prof. Dr. Carola Gröhlich

Tectum Verlag

Ina Ackermann
Begleitete Elternschaft. Menschen mit geistiger Behinderung zwischen
Elternrecht und Kindeswohl

Wissenschaftliche Beiträge aus dem Tectum Verlag
Reihe: Soziale Arbeit; Bd. 10

© Tectum – ein Verlag in der Nomos Verlagsgesellschaft, Baden-Baden 2021
ISBN 978-3-8288-4646-3
ePDF 978-3-8288-7720-7
ISSN 2629-2211

Umschlaggestaltung: Tectum Verlag, unter Verwendung des Bildes
1450730453 von SewCream | www.shutterstock.com

Gesamtverantwortung für Druck und Herstellung:
Nomos Verlagsgesellschaft mbH & Co. KG
Printed in Germany

Alle Rechte vorbehalten

Besuchen Sie uns im Internet
www.tectum-verlag.de

Bibliografische Informationen der Deutschen Nationalbibliothek
Die Deutsche Nationalbibliothek verzeichnet diese Publikation
in der Deutschen Nationalbibliografie; detaillierte bibliografische
Angaben sind im Internet über http://dnb.d-nb.de abrufbar.

Abstract

Die vorliegende Arbeit befasst sich mit der Elternschaft von Menschen mit geistiger Behinderung. Es wird der Frage nachgegangen, über welche Kompetenzen Menschen mit geistiger Behinderung verfügen müssen, um mit ihren Kindern zusammenleben zu können. Das Konzept der Begleiteten Elternschaft wird näher betrachtet, um herauszufinden, wie eine Unterstützung ausgestaltet sein sollte, die den Familien eine langfristige gemeinsame Zukunft ermöglicht.

Die Fragestellungen werden auf Grundlage der Auswertung aktueller Fachliteratur sowie durch Darstellung von Befunden aus der SEPIA-D-Studie beantwortet.

Es wird deutlich, dass Elternschaften bei Menschen mit geistiger Behinderung zunehmen. Um langfristig eine gemeinsame Lebensperspektive zu haben, ist es von Bedeutung, eine Analyse der jeweiligen Risikofaktoren und Ressourcen der einzelnen Familienmitglieder durchzuführen. Ausgehend von dieser ganzheitlichen Sicht auf die Familien müssen individuelle Hilfen abgeleitet werden. Die elterlichen Kompetenzen bilden einen entscheidenden Ausgangspunkt für die Ausgestaltung der Unterstützung. An oberster Stelle steht bei allen Maßnahmen die Sicherstellung des Kindeswohls.

Am Beispiel der Begleiteten Elternschaft zeigt sich die Wichtigkeit einer individuellen und kontinuierlichen Unterstützung für die gesamte Familie. Die pädagogischen Fachkräfte begleiten die Klientinnen und Klienten in Spannungsfeldern zwischen Elternrecht und Kindeswohl sowie zwischen Selbst- und Fremdbestimmung. Sie nehmen eine koordinierende Rolle in der Netzwerkarbeit für die Familien ein.

Im Sinne der Inklusion wird deutlich, dass es notwendig ist, das Netz der wohnortnahen Unterstützungsangebote für diese Familien auszubauen und weiterzuentwickeln.

Inhaltsverzeichnis

Dank IX

Grußwort XI

Geleitwort XIII

1. Herausforderung Elternschaft 1

2. Geistige Behinderung – ein Begriff im Wandel 3

    2.1 Konzept der American Association on Mental Retardation 4

    2.2 Behinderungsbegriff der Weltgesundheitsorganisation 4

    2.3 Sozialrechtliche Sichtweise nach dem Neunten Buch Sozialgesetzbuch 7

3. Handlungsprinzipien in der Arbeit mit Menschen mit geistiger Behinderung 9

    3.1 Normalisierungsprinzip 10

    3.2 Prinzip der Selbstbestimmung und Teilhabe 11

4. Zwischen Elternrecht und Kindeswohl 17

    4.1 Rechtliche Aspekte im Zusammenhang mit der Elternschaft bei Menschen mit geistiger Behinderung 17

        4.1.1 Wesentliche Bezugspunkte im deutschen Rechtssystem 18

        4.1.2 Recht auf Elternschaft in der Behindertenrechtskonvention 19

        4.1.3 Elterliche Sorge im Zusammenhang mit rechtlicher Betreuung 22

    4.2 Kinderrechte und Kindeswohl 24

        4.2.1 Die Rechte des Kindes 25

        4.2.2 Das Wohl des Kindes 27

        4.2.3 Entwicklung bei Kindern von Eltern mit geistiger Behinderung 33

5. **Elterliche Kompetenzen bei Menschen mit geistiger Behinderung** 39

    5.1 Verständnis von elterlichen Kompetenzen bei Eltern mit geistiger Behinderung 40

    5.2 Ermittlung elterlicher Fähigkeiten und elterlicher Unterstützungsbedürfnisse durch das „Parental Skills Model" und das „Parent Assessment Manual" 43

6. **Begleitete Elternschaft als Unterstützungsangebot für Eltern mit geistiger Behinderung und ihre Kinder** 51

    6.1 Definition und Ziele der Begleiteten Elternschaft 51

    6.2 Finanzierung und Grundlagen der Leistungserbringung 53

    6.3 Inhalte und Aufgabenbereiche der Begleiteten Elternschaft 56

    6.4 Netzwerkarbeit in der Begleiteten Elternschaft 61

    6.5 Anforderungen an Fachkräfte 64

7. **Vorstellung der SEPIA-D-Studie zur Untersuchung der Begleitenden Elternschaft in Deutschland** 69

    7.1 Merkmale der beteiligten Mütter 70

    7.2 Leben der Familien 71

    7.3 Elterliche Kompetenzen 72

    7.4 Kindliche Entwicklung 73

    7.5 Vergleich der Lebenssituationen in den Unterstützungsformen 74

8. **Zusammenfassung und Ausblick** 77

Literaturverzeichnis 81

Anhang 87

Dank

Mit dieser Abschlussarbeit möchte ich mehr Bewusstsein schaffen für die Elternschaft von Menschen mit Lernschwierigkeiten beziehungsweise sogenannter geistiger Behinderung und ihre Kinder. Es handelt sich um eine Literaturarbeit, welche durch Auswertung verschiedener Quellen entstanden ist.

Mein Interesse am Thema hat sich neben meiner langjährigen beruflichen Tätigkeit als Erzieherin in der Arbeit mit Menschen mit Behinderung entwickelt und wurde durch die Auseinandersetzung damit im Rahmen des berufsbegleitenden Studiums der Sozialen Arbeit an der Technischen Hochschule Nürnberg Georg Simon Ohm verstärkt.

An dieser Stelle möchte ich mich bei allen Personen bedanken, die durch ihre fachliche und persönliche Unterstützung zum Gelingen meines Studiums und dieser Bachelorarbeit beigetragen haben.

Danken möchte ich Frau Prof. Dr. Carola Gröhlich für die fachliche Betreuung dieser Arbeit.

Die bereichernden Gespräche, Denkanstöße und Rückmeldungen bildeten stets wertvolle Anregungen für die weitere Auseinandersetzung mit der Thematik.

Ebenso gilt mein Dank meinem Arbeitgeber, der Lebenshilfe für Menschen mit Behinderung – Stadt und Landkreis Hof e.V., für die vielfältige Unterstützung. Ich hatte hier unter anderem die Möglichkeit, mich mit verschiedenen Kolleginnen und Kollegen auszutauschen, die das Unterstützungsangebot der Begleiteten Elternschaft seit einigen Monaten vor Ort auf den Weg bringen. Sie berichteten von ersten Erfahrungen, Herausforderungen und Entwicklungen bei der Begleitung der Familien. Der Geschäftsführer der Lebenshilfe Hof, Herr Siegfried Wonsack, hat mich schließlich ermutigt, die Arbeit einem breiteren Publikum zur Verfügung zu stellen.

Weiterhin danke ich Fabienne und Sandra, die mir durch ihre fachlichen Rückmeldungen und Impulse sowie durch Korrekturlesen sehr geholfen haben.

Schließlich danke ich ganz besonders meiner Familie, die mich während meines berufsbegleitenden Studiums unterstützt und immer wieder ermutigt und motiviert hat.

Hof, im Frühling 2021
Ina Ackermann

Grußwort

Auch bei uns in Hof ist die Elternschaft von Menschen mit Behinderungen ein Thema, welches zunehmend mehr Beachtung in der Behindertenhilfe und generell in der Gesellschaft erlangen sollte. Paare oder Frauen mit geistiger Behinderung möchten ihr Recht auf Elternschaft ausüben.

Sie sahen sich jedoch lange Zeit mit der wiederkehrenden Reaktion der Behörde konfrontiert, welche das Kind am Tag seiner Geburt in eine Pflegefamilie vermittelte. Oft reagierten die Frauen mit Unverständnis und konnten es nicht einordnen, dass sie für ihr Kind nicht sorgen durften. Aus diesem Grunde hat sich die Lebenshilfe Hof für das Konzept der „Begleiteten Elternschaft" entschieden und im Juli 2019 mit dieser Arbeit begonnen. Unter der Berücksichtigung des Kindeswohls soll mit entsprechender fachlicher Unterstützung für diese Familien eine gemeinsame Lebensperspektive ermöglicht werden. Dies war auch für unsere Sozialpädagogin Frau Ina Ackermann Motivation, sich mit dem Thema im Rahmen ihrer Bachelorarbeit „Begleitete Elternschaft – Menschen mit geistiger Behinderung zwischen Elternrecht und Kindeswohl" intensiver zu beschäftigen. Sie setzte sich mit den Kompetenzen der Eltern und angemessenen Unterstützungsangeboten für die Familien auseinander.

Begleitete Elternschaft wird vor Ort in verschiedenen Betreuungsformen angeboten. Die Familien können begleitet und unterstützt werden, sowohl in der eigenen Wohnung als auch im neuen Projekt der Lebenshilfe Hof. In einem Neubau eines integrativen Kinderhauses mit Krippen, Kindergarten- und Hortgruppen sowie zwei Gruppen der Schulvorbereitenden Einrichtung (SVE) befinden sich vier Appartements für Elternteile mit Kind oder für die Kleinfamilie.

Die Lebenshilfe für Menschen mit Behinderung – Stadt und Landkreis Hof e.V. hat sich seit ihrer Gründung 1963 der Aufgabe verschrieben, im Sinne des diakonischen Grundgedankens Menschen mit Behinderung zu helfen, am Leben in der Gesellschaft unserer Heimat in allen Bereichen teilzuhaben, ihre vorhandenen Stärken zu fördern sowie ihre Familien zu unterstützen.

Siegfried Wonsack

Geschäftsführer der Lebenshilfe für Menschen mit Behinderung – Stadt und Landkreis Hof e.V.

www.lebenshilfe-hof.de

Geleitwort

Alle Menschen haben das Recht, Partnerschaften einzugehen und Kinder zu bekommen. Dies gilt auch für Menschen mit Behinderungen. Schwangerschaften von Frauen mit Lernschwierigkeiten können allerdings nach wie vor als Ausnahmen gelten und Eltern mit Lernschwierigkeiten lösen im öffentlichen wie im fachlichen Diskurs häufig Unsicherheiten, Ängste und Kontroversen aus. Sie sind nicht selten mit Barrieren konfrontiert, die die Realisierung eines Kinderwunsches und einer Elternschaft verunmöglichen oder zumindest deutlich erschweren. Zudem erleben sich Menschen mit Lernschwierigkeiten, die einen Kinderwunsch haben, oftmals als ohnmächtig gegenüber Fachleuten oder Angehörigen, die aus Sorge um die zukünftigen Eltern und deren Kinder vor allem die erheblichen Schwierigkeiten herausstellen, vor denen die jungen Familien stehen werden. Diese Hürden scheinen häufig unüberwindbar und sind auch in der fachlichen Praxis nicht von der Hand zu weisen. Die Einrichtungen der Behindertenhilfe sind bisher häufig nicht gut darauf vorbereitet, Männer und Frauen mit Lernschwierigkeiten zu bestärken, ihr Menschenrecht auf Elternschaft wahrzunehmen. Für die Fachkräfte kann die Abwägung zwischen den Elternrechten und den Rechten und dem Wohl des Kindes eine kaum lösbare Herausforderung darstellen. Gerade deswegen hat es mich gefreut, die Betreuung der Bachelorarbeit von Ina Ackermann in diesem komplexen Themenbereich zu übernehmen, und umso mehr freut es mich zusätzlich, dass diese Arbeit nun den Weg einer Veröffentlichung und damit den Zugang zu einem erweiterten Fachpublikum findet.

Diese Hilflosigkeit des Hilfesystems möchte Ina Ackermann mit ihrem Buch überwinden helfen. Dabei geht es ihr zum einen um die Frage nach den elterlichen Kompetenzen, die notwendig sind, um das Wohl der Kinder zu gewährleisten. Für Ina Ackermann bilden diese elterlichen Kompetenzen einen entscheidenden Ausgangspunkt für die Gestaltung einer angemessenen Unterstützung, daher sollte die Stärkung dieser Kompetenzen eine zentrale Aufgabe der fachlichen Unterstützung für Mütter und Väter mit Lernschwierigkeiten sein. Zum anderen wird das Konzept der Begleiteten Elternschaft vorgestellt, um deutlich zu machen, wie eine Unterstützung ausgestaltet sein kann, die den Familien eine langfristige gemeinsame Zukunft ermöglicht. Individualisierte Hilfen für die Eltern und ihre Kinder sollten dabei ausgehend von einer ganzheitlichen Sicht auf die Familien und ihre Bedarfe abgeleitet werden; an oberster Stelle bei allen Maßnahmen steht die Sicherstellung des Kindeswohls. So dürfen sich mit diesem Buch vor allem jene angesprochen fühlen, die als Fachkräfte im Hilfesystem mit Menschen mit Lernschwierigkeiten arbeiten. Ihnen möchte die vorliegende Publikation eine Hilfestellung sein.

Wenngleich die fachliche Fundierung von Unterstützungsleistungen für Eltern mit Lernschwierigkeiten aktuell durch verschiedene Fachpublikationen ein erfreulich großes Gewicht erhält, besteht dennoch weiterhin die große Hürde der sozialrechtlichen Verantwortungsdiffusion bezüglich der Übernahme der Kosten von Unterstützungsleistungen für die betroffenen Familien. Solange hier keine echte Verzahnung der Hilfen erfolgt, sondern Doppelzuständigkeiten und damit einhergehende Zuständigkeitskonflikte zwischen den Trägern der Eingliederungshilfe und den Jugendhilfeträgern bestehen bleiben, werden einer gleichberechtigten Teilhabe von Müttern und Vätern mit Lernschwierigkeiten weiterhin erhebliche Barrieren entgegenstehen.

Prof. Dr. Carola Gröhlich
(Technische Hochschule Nürnberg Georg Simon Ohm,
Fakultät Sozialwissenschaften)

1. Herausforderung Elternschaft

> „Um ein Kind zu erziehen, braucht es ein ganzes Dorf"
> (Afrikanisches Sprichwort, zit. n. Textor, n.d.)

Das afrikanische Sprichwort meint im übertragenen Sinne, dass elterliche Interventionen nicht ausreichen, um aus einem Kind einen kompetenten, zufriedenen Menschen zu machen (ebd.). Für alle werdenden Eltern bringt die neue Rolle besondere Herausforderungen mit sich. In vielen Familien ist es selbstverständlich, elterliche Aufgaben an Andere abzugeben oder zu verteilen (Pixa-Kettner, 2006, S. 127), sei es an Babysittende, Großeltern oder an die Kindertagesstätte – das soziale Netzwerk entlastet die Eltern bei ihren Aufgaben (ebd.). Alle Eltern möchten gute Eltern sein. Auch Menschen mit geistiger Behinderung wünschen sich Kinder und wollen damit Normalität leben (Pixa-Kettner & Bargfrede, 2015, S. 74). Sie sehen sich jedoch im Gegensatz zu den Menschen ohne Behinderung erheblichen Vorurteilen ausgesetzt (Prangenberg, 2015, S. 25f.). Es wird ihnen unterstellt, wiederum Kinder mit geistiger Behinderung zu bekommen, nicht über ausreichende elterliche Kompetenzen zu verfügen oder auch keine elterlichen Fähigkeiten erlernen zu können, um die Kinder adäquat zu versorgen (ebd.). Somit befinden sich Menschen mit geistiger Behinderung in einem ständigen Spannungsfeld zwischen Elternrecht und Kindeswohl (Vlasak, 2015, S. 91f.). Bei meinem Arbeitgeber, der Lebenshilfe für Menschen mit Behinderung Stadt und Landkreis Hof e.V., entsteht momentan das Unterstützungsangebot der Begleiteten Elternschaft, woraus sich das Interesse an und die Beschäftigung mit der Thematik entwickelt haben. Die Auseinandersetzung damit soll Erkenntnisse dazu liefern, in welchem Rahmen Elternschaft bei Menschen mit Behinderung gelingen kann.

In der vorliegenden Literaturarbeit geht es darum, das Thema der Begleiteten Elternschaft durch Auswertung verschiedener Quellen näher zu analysieren. Es wird zunächst der Frage nachgegangen, über welche

Kompetenzen Menschen mit geistiger Behinderung verfügen müssen, um die elterliche Sorge zum Wohl des Kindes ausüben zu können.

Um die Frage zu beantworten, werden als Erstes der Begriff der geistigen Behinderung und sein Wandel aus verschiedenen Perspektiven näher betrachtet, um anschließend das Normalisierungsprinzip und die Aspekte der Selbstbestimmung und Teilhabe für den Personenkreis darzustellen. Das darauffolgende Kapitel beschreibt die rechtlichen Aspekte, welche auf die Elternschaft von Menschen mit geistiger Behinderung zutreffen. Es beleuchtet die Kinderrechte und betrachtet den Maßstab des Kindeswohls. Nachfolgend wird auf die Entwicklung der Kinder von Eltern mit geistiger Behinderung eingegangen. Nachdem die rechtlichen Grundlagen erläutert und die Entwicklung der Kinder dargestellt wurden, findet eine Beschreibung der elterlichen Kompetenzen bei Menschen mit geistiger Behinderung statt und es wird ein Modell zur Ermittlung der Kompetenzen und der Unterstützungsbedürfnisse vorgestellt.

Das anschließende Kapitel befasst sich mit der Unterstützungsform der Begleiteten Elternschaft und gibt einen umfassenden Überblick darüber. Hier wird noch der Frage nachgegangen, welche Erkenntnisse über das Konzept der Begleiteten Elternschaft bisher bekannt sind. Dazu wird der aktuelle Forschungsstand zur Begleiteten Elternschaft in Deutschland vorgestellt, die Ergebnisse daraus werden zusammengefasst und der ermittelte Handlungsbedarf wird geschildert. Im abschließenden Fazit werden die Gesichtspunkte der Arbeit zusammengetragen und es wird ein Ausblick hinsichtlich einer notwendigen Ausgestaltung der Sozialen Arbeit im Bereich der Begleiteten Elternschaft gegeben, wobei die erarbeiteten Aspekte als Grundlage dienen sollen.

2. Geistige Behinderung – ein Begriff im Wandel

Der Begriff der geistigen Behinderung befindet sich seit Jahrzehnten in einem stetigen Wandel, bei dem eine Vielzahl an Definitionsversuchen mit unterschiedlichen Schwerpunkten und Perspektiven entstanden ist (Mühl, 2006, S. 128). Nachdem Bezeichnungen wie Idiotie, Schwachsinn, Oligophrenie und Imbezillität durch ihre negativen Konnotationen und aus fachlichen Gründen nicht mehr benutzt wurden, hat 1958 der Begriff „geistig behindert" durch die „Bundesvereinigung Lebenshilfe für das geistig behinderte Kind e.V." Verbreitung in Deutschland gefunden (ebd.). Die Haltung zum Personenkreis veränderte sich weiter. So gab sich beispielsweise die Lebenshilfe 1996 den Namen „Bundesvereinigung Lebenshilfe für Menschen mit geistiger Behinderung" und stellte den Menschen als Gesamtpersönlichkeit in den Mittelpunkt. Die Behinderung wird nur noch als ein Merkmal von vielen verschiedenen gesehen (Bundesvereinigung Lebenshilfe e.V., n.d., a). Speck verweist darauf, dass man mittlerweile von verschiedenen Seiten bemüht ist, „den Begriff geistige Behinderung wegen seiner Defizitbezogenheit und seiner Stigmatisierungswirkung abzuschaffen oder möglichst zu vermeiden" (2018, S. 53). Er macht jedoch deutlich, dass der Begriff trotz internationaler Bemühungen weiterhin gebräuchlich und anerkannt ist, um den betreffenden Personenkreis rechtlich-verbindlich, auf wissenschaftlicher Basis und aus organisationaler Sicht global vergleichbar zu bezeichnen (ebd., S. 53ff.). In diesem Sinne findet in der vorliegenden Arbeit der allgemeingültige Fachbegriff „geistige Behinderung" Verwendung. Alternativ werden in der Literatur zum Beispiel die Bezeichnungen „Lernschwierigkeiten" und „kognitive Beeinträchtigung" verwendet.

Im Folgenden wird auf das Konzept von Behinderung nach der „American Association on Mental Retardation" (AAMR) eingegangen, um anschließend den Behinderungsbegriff der Weltgesundheitsorganisation (WHO) in Zusammenhang mit dem Klassifikationsschema „International Classification of Functioning, Disability and Health" (ICF) in den Blick zu nehmen. Ferner geht es um die Betrachtung des sozialrechtlichen Behinderungsbegriffes, welcher nach dem Neunten Buch Sozialgesetzbuch klar definiert ist.

2.1 Konzept der American Association on Mental Retardation

Die American Association on Mental Retardation (AAMR) sieht bei einer geistigen Behinderung erhebliche Einschränkungen im intellektuellen Bereich, verbunden mit Defiziten im adaptiven Verhalten (konzeptionelle, soziale und praktische Fähigkeiten) (Westling, Plaute & Theunissen, 2006, S. 107). Die AAMR ist nach einem Entwicklungsprozess von den Bezeichnungen leichte, mittlere und schwere Behinderung abgewichen, hat das Konzept weiterentwickelt und blickt auf einen ganzheitlichen Zusammenhang, welcher die Betroffenen im vielschichtigen Kontext beschreibt (ebd.). Neben einer genauen Beschreibung der Person wird ebenfalls deren Umwelt betrachtet, um daraus die erforderlichen Unterstützungsformen abzuleiten. Die Autoren beschreiben fünf Bereiche, welche durch geeignete Unterstützungsmaßnahmen die Fähigkeiten der Menschen mit geistiger Behinderung verbessern sollen. Bei den Bereichen geht es um die intellektuellen Fähigkeiten, das adaptive Verhalten, die Beteiligung am gesellschaftlichen Leben, Beziehung und soziale Rolle, Gesundheit sowie umweltbezogene und kulturelle Kontexte (ebd.). Das Konzept der AAMR ist vereinbar mit dem von der WHO vertretenen Verständnis von Behinderung. Es muss jedoch bedacht werden, dass die Definition von geistiger Behinderung nach dem Intelligenzquotienten in der beruflichen Praxis und im psychologischen Bereich immer noch eine bedeutende Rolle einnimmt (ebd., S. 108).

2.2 Behinderungsbegriff der Weltgesundheitsorganisation

Die Weltgesundheitsorganisation setzt sich als Sonderorganisation der Vereinten Nationen für eine weltweite Gesundheitsversorgung ein und arbeitet mit vielfältigen Akteuren zusammen, um zum Beispiel Ge-

sundheitssysteme zu entwickeln und Gesundheitsvorsorge und Früherkennung voranzubringen (Böckenhoff, 2017, S. 979).
Aus Sicht der WHO bedeutet geistige Behinderung

„eine signifikant verringerte Fähigkeit, neue oder komplexe Informationen zu verstehen und neue Fähigkeiten zu erlernen und anzuwenden (beeinträchtigte Intelligenz). Dadurch verringert sich die Fähigkeit, ein unabhängiges Leben zu führen (beeinträchtigte soziale Kompetenz). Dieser Prozess beginnt vor dem Erwachsenenalter und hat dauerhafte Auswirkungen auf die Entwicklung. Behinderung ist nicht nur von der individuellen Gesundheit oder den Beeinträchtigungen eines Kindes abhängig, sondern hängt auch entscheidend davon ab, in welchem Maße die vorhandenen Rahmenbedingungen seine vollständige Beteiligung am gesellschaftlichen Leben begünstigen" (Weltgesundheitsorganisation, n.d.).

Dadurch verdeutlicht die WHO, dass es sich bei einer geistigen Behinderung, neben dem Zustand der beeinträchtigten Intelligenz, auch um eine Einschränkung der Sozialkompetenz handelt. Weiterhin kommt es auf die gegebenen Rahmenbedingungen an, welche eine Teilhabe an der Gesellschaft positiv oder negativ beeinflussen können. Im Jahre 2001 wurde von der WHO die Internationale Klassifikation der Funktionsfähigkeit, Behinderung und Gesundheit (ICF) herausgegeben (Schuntermann, 2017, S. 429). Sie benennt drei Aspekte der funktionalen Gesundheit.

Eine Person gilt als gesund, wenn vor dem Hintergrund der Kontextfaktoren (gesamter Lebenshintergrund)

– ihre körperlichen und geistigen Fähigkeiten und die Körperstrukturen der allgemeinen Norm entsprechen (Körperfunktionen und -strukturen),
– sie alles tun kann, was ein Mensch ohne Gesundheitsproblem auch tun kann (Aktivitäten) und
– sie sich in allen Lebensbereichen so entwickeln kann wie Personen, deren Körperfunktionen und -strukturen sowie Aktivitäten nicht beeinträchtigt sind (Partizipation/Teilhabe) (ebd.).

Der ICF liegt ein bio-psycho-soziales Modell von Gesundheit zugrunde (DIMDI, 2005, S. 5). Dieses ist ressourcen- und defizitorientiert ausgelegt und bezieht zu den oben genannten drei personenbezogenen Komponenten die Kontextfaktoren (Umwelt- und personenbezogene Faktoren) mit ein (ebd., S. 21). Alle genannten Komponenten stehen in

Wechselwirkung zueinander, welche in folgender Abbildung anschaulich dargestellt wird (ebd., S. 23):

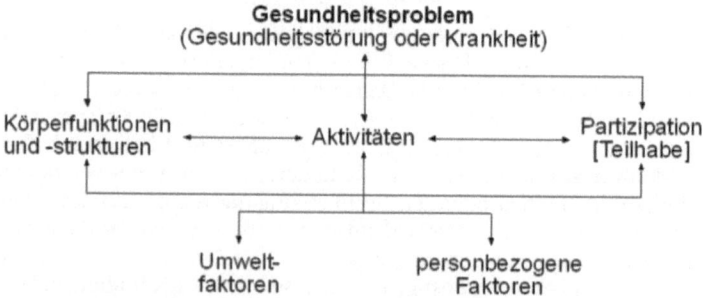

Ist die Wechselwirkung der Komponenten beeinträchtigt, spricht man von einer Behinderung (Schuntermann, 2017, S. 429). Schuntermann verdeutlicht, dass die Soziale Arbeit durch Anwendung dieses Modells die Teilhabe von Menschen mit Behinderung aufrechterhalten oder verbessern kann. Ressourcen und Defizite der betreffenden Personen müssen wahrgenommen und daraus Interventionen abgeleitet werden (ebd.). Hier wird ein ganzheitlicher Zusammenhang deutlich, wie er auch in der Definition der AAMR vorliegt (Kapitel 2.1).

Zu den Umweltfaktoren zählen zum Beispiel das direkte Umfeld in der häuslichen Umgebung oder der Arbeitsstelle und zugleich das soziale System mit den vorgegebenen Gesetzen, der Infrastruktur und den allgemeinen Grundhaltungen (Pixa-Kettner, 2007, S. 2). Mit personenbezogenen Faktoren sind, unabhängig von der organischen oder funktionellen Einschränkung, Faktoren wie Alter, Lebensstil, sozialer Kontext, Bildung und Gesundheitsprobleme gemeint, sozusagen der persönliche Hintergrund (ebd.). Behinderung ist somit nicht statisch zu sehen, sondern wird durch diese Wechselwirkung zum variablen Zustand, welcher durch die Veränderung der Kontextfaktoren für die betroffenen Menschen ein hohes Maß an Teilhabe und Aktivität in der Gesellschaft ermöglichen kann (ebd.). Pixa-Kettner hebt hervor, dass das Zusammenwirken der Kontextfaktoren für Eltern mit geistiger Behinderung prägend dafür ist, welche Möglichkeiten einer normalen Aktivität in und Teilhabe an der Gesellschaft für die Familien besteht, oder ob diese gerade deswegen an der gesellschaftlichen Teilhabe und der Ausübung ihrer Elternschaft gehindert werden. Als Beispiel für hinderliche Umweltfaktoren bezieht sich Pixa-Kettner auf Seidel und führt an:

> „Mit diesem Verständnis wird es möglich, z.b. eine gesellschaftlich bedingte Behinderung zu beschreiben, wenn einer Person mit einer Epilepsie – obwohl diese längst erfolgreich behandelt oder ausgeheilt ist – auf Dauer von Gesetz wegen verboten wird, selbst Auto zu fahren. Oder: Einer Frau mit einer geistigen Behinderung wird es durch negative Einstellungen, Vorurteile usw. der Umwelt unmöglich gemacht, ein eigenes Kind zu haben" (Seidel, 2003, S. 248f., zit. n. Pixa-Kettner, 2007, S. 2).

Bekommen Eltern mit geistiger Behinderung die notwendige professionelle Begleitung, um ihre Kinder selbst oder mit Hilfe zu versorgen, und werden sie durch ihr soziales Umfeld nicht ausgegrenzt, kann eine Elternschaft ohne Einschränkungen ihrer Teilhabe funktionieren, wohingegen bei ungünstigen und behindernden Kontextbedingungen Kinder unter Umständen nicht bei ihren Eltern mit Behinderung aufwachsen können (ebd., S. 3).

2.3 Sozialrechtliche Sichtweise nach dem Neunten Buch Sozialgesetzbuch

Nachdem die ganzheitliche Sichtweise von Behinderung durch die ICF deutlich wurde, wird nun noch auf die sozialrechtliche Begriffsbestimmung von Behinderung eingegangen. Schuntermann weist darauf hin, dass das Neunte Buch Sozialgesetzbuch (SGB IX) wesentlich auf der ICF begründet ist (2017, S. 429). Das SGB IX, welches die Rehabilitation und Teilhabe von Menschen mit Behinderungen regelt, beschreibt den Personenkreis seit der durch das Bundesteilhabegesetz (BTHG) reformierten Version im Januar 2018 folgendermaßen:

> „Menschen mit Behinderungen sind Menschen, die körperliche, seelische, geistige oder Sinnesbeeinträchtigungen haben, die sie in Wechselwirkung mit einstellungs- und umweltbedingten Barrieren an der gleichberechtigten Teilhabe an der Gesellschaft mit hoher Wahrscheinlichkeit länger als sechs Monate hindern können" (§ 2 Abs. 1 S. 1 SGB IX).

Auch bei der gesetzlichen Definition von geistiger Behinderung wird deutlich, dass die Beeinträchtigungen in Korrelation mit weiteren

Hindernissen die gleichberechtigte Teilhabe der Betroffenen an der Gesellschaft langfristig einschränken können. Betrachtet man hier beispielsweise die Elternschaft von Menschen mit geistiger Behinderung, tritt die Frage auf, wie und ob die Teilhabe in diesem Lebensbereich ohne Barrieren gelingen kann.

Behinderungen dürfen nicht als Hilfebedürftigkeit, als biologisches oder medizinisches Problem gesehen werden, sondern sind als ein durch die Gesellschaft konstruiertes, soziales Problem zu betrachten (Institut für angewandte Sozialwissenschaft [IfaS], n.d.). Wie in diesem Kapitel deutlich wurde, geht es bei Behinderung nicht mehr um ein medizinisch-defizitorientiertes Modell, sondern um eine bio-psycho-soziale Funktionsstörung, bei der die Ressourcen, Bedürfnisse und Rechte von Menschen mit Behinderung in Wechselwirkung mit ihrer Umwelt noch viel stärker beachtet werden müssen (ebd.).

Die vorliegende Arbeit lenkt den Blick darauf, welche Bedingungen vorliegen sollten, damit Menschen mit geistiger Behinderung zusammen mit ihren Kindern als Familie in der Gesellschaft leben können.

3. Handlungsprinzipien in der Arbeit mit Menschen mit geistiger Behinderung

Betrachtet man die Forschungsprojekte um Ursula Pixa-Kettner in Deutschland in den Jahren von 1993 bis 1995 und von 2005 an, ist eine deutliche Steigerung bei den Elternschaften und Geburten durch Menschen mit geistiger Behinderung zu erkennen (Pixa-Kettner, 2007, S. 10). Die Ergebnisse dieser Untersuchungen sind aufgrund von unterschiedlichen Parametern zwar nicht direkt vergleichbar, sie machen jedoch auf eine Zunahme von Elternschaften und Geburten um mehr als 40 % in einem Zeitraum von 13 Jahren aufmerksam. Somit teilten die befragten Einrichtungen für den Zeitraum von 1990 bis 2005 mit, dass 1 584 Fälle von Elternschaften mit 2 199 Kindern vorlagen (ebd.). Der Anteil der Eltern, die mit ihren Kindern in einer eigenen Wohnung zusammenlebten, hat sich im Vergleich zur ersten Studie von 46 % auf 70 % erhöht (ebd., S. 11). Laut Pixa-Kettner handelt es sich trotz der steigenden Zahlen bei den Müttern und Vätern mit geistiger Behinderung um lediglich 1,1 % der Menschen mit geistiger Behinderung. Aufgrund des Anstiegs der Elternschaften bei dieser Personengruppe ist eine Lebensgestaltung erkennbar, welche stärker an der Normalität ausgerichtet ist (ebd., S. 15). Obwohl die institutionellen Betreuungsangebote zunehmen, existiert in Deutschland ein Defizit bei regionalen und passgenauen Unterstützungsmöglichkeiten für die Familien (Bargfrede, 2015, S. 299).

Wenn man sich mit den Herausforderungen im Themenfeld der Elternschaft bei Menschen mit geistiger Behinderung auseinandersetzt, ist es notwendig, zunächst wesentliche fachliche Grundlagen und Haltungen für den Diskurs aufzuzeigen.

3.1 Normalisierungsprinzip

Durch den Reformimpuls des Normalisierungsprinzips hat sich die Behindertenhilfe in den letzten Jahrzehnten entschieden gewandelt (Gröschke, 2013, S. 256). Unter dem Motto „Ein Leben, so normal wie möglich!" wurden Veränderungen der strukturellen und institutionellen Rahmenbedingungen bei der Betreuung und Unterstützung von Menschen mit Behinderung ausgelöst (ebd.). Laut Gröschke ist das Reformkonzept auf „Lebenslagen und Lebensverhältnisse von Menschen mit Behinderungen, auf Institutionen und Organisationsformen ihrer Betreuung und Unterstützung, inklusive der sozialpolitischen, sozialrechtlichen und -administrativen Rahmenbedingungen der Behindertenhilfe in einer konkreten gesellschaftlichen Situation" ausgerichtet (ebd.). Schon 1948 fand das Normalisierungsprinzip in der UN-Menschenrechtsdeklaration seine Grundlage und wurde 1959 in Dänemark durch Bank-Mikkelsen als Leitidee in das dänische Gesetz aufgenommen (ebd.). Stigmatisierte Menschengruppen, wie zum Beispiel Menschen mit geistiger Behinderung, wurden demnach immer mehr in die allgemeine Menschen- und Bürgerrechtskultur einbezogen (ebd.). Laut dem Autor wurde das Reformkonzept in Deutschland zuerst durch Thimm und von Ferber im Übergang der 70er- zu den 80er-Jahren wissenschaftlich getestet. Vor allem seit 1990 gewann das Normalisierungsprinzip als Grundidee zunehmend an Wichtigkeit, wenn es darum ging, die verschiedenen Bereiche der Behindertenhilfe und Rehabilitation zu verändern (ebd.). Somit soll das Prinzip als Denkweise und Grundlage für Interventionen dazu dienen, Menschen mit Behinderung „ein Leben, so normal wie möglich" zu ermöglichen (ebd., S. 257). Dabei geht es laut Gröschke schließlich um Spannungsverhältnisse zwischen Individuum und Gesellschaft, Freiheit und Anpassung sowie Selbst- und Fremdbestimmung, welche eine Verbesserung der sozialen Rollen für Menschen mit Behinderung und somit eine gleichberechtigte und uneingeschränkte gesellschaftliche Teilhabe vorsehen. Als Beispiel führt er die Rolle von Menschen mit Behinderung als Eltern und den damit verbundenen Zustand der Elternschaft an (ebd.). Die Normalisierungsdebatte trägt seit den 1980er-Jahren zu einer Deinstitutionalisierung der Betreuung von Menschen mit Behinderung bei und stärkt zum Beispiel die Partizipationsmöglichkeiten in den Bereichen Wohnen und Partnerschaft (Prangenberg, 2015, S. 36). Hinsichtlich der Elternschaft von Menschen mit Behinderung veränderte sich vor allem in der Fachwelt die Frage, „ob" Menschen mit Behinderung Eltern werden dürfen, zu der Frage, „wie" sie begleitet und unterstützt werden sollten, um diese Rolle ausfüllen zu können (ebd., S. 37f.). Es ist zu beachten, dass der Däne Bank-Mikkelsen die Leitidee der Normalisierung grundsätzlich als „Entwicklung in Richtung der Normalität" und nicht als Imitation der Lebensverhältnisse von Menschen ohne Behinderung sieht (Pitsch, 2006, S. 232). Dies würde für Menschen mit Behinderung unerreichbar hohe Ziele vorgeben (ebd.). Die Einstellung der Gesellschaft und somit die Lebensbedingungen für Menschen mit geistiger Behinderung sollen sich an die Normalität annähern und Menschen mit Beeinträchtigung als gleichwertige Mitbürgerinnen und Mitbürger anerkannt werden (ebd., S. 234). Bank-Mikkelsen und Berg betonen die Wichtigkeit des Normalisierungsprinzips für den Abbau von Barrieren auch im Bereich der Bürgerrechte und der Rollenvielfalt (Lenz, Riesberg, Rothenberg & Sprung, 2010, S. 18f.). Die Bürgerrechte schließen beispielsweise das Recht auf ein Sexualleben, das Recht zu heiraten und das Recht, Eltern zu werden, ein – somit allgemein die freie Entfaltung der Persönlichkeit (ebd.).

Der Ansatz der Normalisierung findet seine rechtliche Grundlage im SGB IX, in welchem der Anspruch auf „persönliche Teilnahme am Leben in der Gesellschaft sowie eine möglichst selbständige und selbstbestimmte Lebensführung" geregelt ist (Gröschke, 2013, S. 257). Wichtige Schwerpunkte der Behindertenhilfe wie das Prinzip der Selbstbestimmung und Teilhabe, der sozialen Integration und des Empowerments sind eng mit dem Normalisierungsprinzip verknüpft (ebd.).

3.2 Prinzip der Selbstbestimmung und Teilhabe

Ein Leben gemeinsam mit Kindern ist trotz der wachsenden Zahl von Eltern mit geistiger Behinderung bis heute keine Selbstverständlichkeit in Deutschland (Lenz et al., 2010, S. 13). Deswegen wird in diesem Kapitel das Prinzip der Selbstbestimmung und Teilhabe im Zusammenhang mit der Elternschaft bei Menschen mit geistiger Behinderung betrachtet.

Obwohl der Mensch von Natur aus darauf angelegt ist, selbstständig zu werden, eigenständige Entscheidungen zu treffen und autonom zu leben, wurde Menschen mit geistiger Behinderung viele Jahrhunderte lang rechtlich nicht zugetraut, Dinge selbst zu entscheiden (Speck, 2013, S. 323). Sie wurden auf Grundlage des Bürgerlichen Gesetzbuchs (BGB) unter ständige Betreuung und Kontrolle gestellt und von psychologischer und sozialer Seite als absolut abhängig von fremder Hilfe gesehen (ebd.). Verändert hat sich die Haltung mit der Weiterentwicklung der sozialen Eingliederung und der pädagogischen Förderung, hier zunächst durch den Einfluss des zuvor beschriebenen Normalisierungsprinzips (ebd.).

Speck legt am Beispiel der Entwicklung eines Kindes dar, dass sich Identität und Handlungsbereitschaft am stärksten durch Aktivität, Selbsttätigkeit und die Auseinandersetzung mit sich selbst und anderen entwickeln können. Er folgert daraus, dass diese Entwicklung beeinträchtigt wird, wenn zum Beispiel Menschen mit Behinderung permanent fremdbestimmt werden, indem sie kontrolliert und angewiesen werden, statt ihre Selbstständigkeit und ihr Denken anzuregen. Um Autonomie zu entwickeln, benötige besonders auch der Mensch mit geistiger Behinderung ein Halt gebendes Umfeld, welches adäquat Informationen vermittelt und Partizipation ermöglicht. Speck betont, dass es nicht darum geht, den Menschen mit Behinderung sich selbst zu überlassen, sondern darum, ihn in eine verlässliche Gemeinschaft zu integrieren, welche Autonomie und Selbstbestimmung fördern und begleiten kann (ebd., S. 324).

Lenz et al. erläutern, dass Ende der 1980er-Jahre aus Bestrebungen der Behindertenselbsthilfe im Kampf gegen Ausgrenzung und Stigmatisierung die „Selbstbestimmt-Leben-Bewegung" in Deutschland hervorgegangen ist. Die Bewegung fordert eine selbstbestimmte Gestaltung des Lebens für Menschen mit Behinderung, welche auch abseits der klassischen Lebensräume, die für diese Personengruppe vorgesehen sind, stattfinden soll. Das Zusammenleben von Menschen mit Behinderung und ihren Kindern sollte aus Sicht der Autorinnen und Autoren in der Gesellschaft und den Hilfesystemen ein normales Lebensmuster sein. In der Behindertenrechtskonvention, in der Sozialgesetzgebung und in Gleichstellungsgesetzen wurden in den letzten Jahren Ziele und Forderungen der „Selbstbestimmt-Leben-Bewegung" berücksichtigt und die Wahl- und Entscheidungsrechte der Menschen mit Behinderung gestärkt. Lenz et al. zufolge findet jedoch das „Selbstbestimmt-Leben-Prinzip" noch zu wenig Beachtung in der Praxis der Behindertenhilfe. So müsste professionelles Handeln stärker hinterfragt und Rahmenbedingungen sollten in Richtung von mehr Eigenaktivität, Partizipation und empowernder Fachlichkeit entwickelt werden (2010, S. 13–15).

In unterschiedlichen Bereichen des menschlichen Zusammenlebens sollte sich der Selbstbestimmungsgedanke stärker manifestieren, so auch in alltäglichen kleinen Entscheidungen, wie der Speisen- und Kleidungsauswahl und in Zubettgehzeiten, sowie in komplexeren Entscheidungen des Lebens, wie der Berufswahl oder der Entscheidung über den Familienstand (Niehoff, 2016, S. 52). Fachkräfte müssen eine Position der Zurückhaltung, des Fragens und des Zuhörens einnehmen, die es Menschen mit geistiger Behinderung ermöglicht, sich mitzuteilen (ebd.).

Menschen mit Behinderung sollten ebenfalls die Möglichkeit haben, einen selbstbestimmten Umgang mit ihrer Sexualität zu leben. Ulrich Hähner beschreibt den Umgang mit der sexuellen Entwicklung und mit sexuellen Bedürfnissen von Menschen mit Behinderung als Spannungsfeld für Angehörige, Fachkräfte und die betroffenen Menschen selbst. Er betont die Wichtigkeit besonders bei Trägern der Behindertenhilfe, ihre Beratungsdienste und ihre Mitarbeitenden für das Thema zu sensibilisieren und sich offen damit auseinanderzusetzen, um Menschen mit geistiger Behinderung und auch deren Angehörige zu beraten, zu begleiten und zu informieren. Hähner führt aus, dass Menschen mit Behinderung sich ebenso wie Menschen ohne Behinderung in den verschiedenen Lebensphasen mit den Themen Partnerschaft und Sexualität befassen, ihnen jedoch das Hineinwachsen zum Beispiel in erste Beziehungen und Erfahrungen verwehrt bleibt, weil die Offenheit in der Gesellschaft fehlt, weil Vorurteile bestehen und verständliche sexualpädagogische Informationen und Materialien zur Aufklärung für den Personenkreis häufig mangelhaft sind. Der Autor ist der Meinung, dass ein kontinuierlicher, offener und sensibler Dialog zwischen den Betroffenen und der Gesellschaft stattfinden muss, um Selbstbestimmung auch im Bereich der Partnerschaft und der Sexualität für Menschen mit geistiger Behinderung zu erlangen (2016, S. 211–224).

Niehoff verdeutlicht, dass durch rechtliche Rahmenbedingungen das Recht auf Selbstbestimmung an seine Grenzen stoßen kann (2016, S. 52f.). Er gibt deswegen zu bedenken, dass Selbstbestimmung nicht absolut gesehen werden kann, weil häufig begründete Belange und Rechte von Mitmenschen betroffen sind (ebd.). Bei der Elternschaft von Menschen mit Behinderung sind dies die Bedürfnisse und Rechte des Kindes, auf welche später noch genauer eingegangen wird. Niehoff betont, dass Selbstbestimmung und Selbstständigkeit nicht gleichzustellen sind (ebd., S. 53). Eltern mit geistiger Behinderung können auf verschiedene Hilfsangebote angewiesen sein. Wenn sie über diese jedoch nach Möglichkeit bestimmen, erreichen sie einen gewissen Grad der Selbstbestimmung und Teilhabe (ebd.).

Lenz et al. verweisen in diesem Zusammenhang auf einen „Wechsel vom Objekt der Fürsorge zum Subjekt eigenen Handelns", der für Menschen mit Behinderung in den letzten Jahren mehr Wahl- und Entscheidungsfreiheit gebracht hat (2010, S. 14). Um dies weiter voranzubringen, muss sich das Abhängigkeitsgefälle zwischen den Fachkräften und den Menschen mit Behinderung weiter verschieben, um Menschen mit Behinderung mehr als Expertinnen und Experten in eigener Sache zu sehen.

Das Gesetz zur Stärkung der Teilhabe und Selbstbestimmung von Menschen mit Behinderungen (Bundesteilhabegesetz – BTHG) hat bereits verschiedene Veränderungen im Sozialrecht mit sich gebracht (Boetticher, 2018, S. 25). Das Artikelgesetz wurde im Dezember 2016 vom Deutschen Bundestag verabschiedet und veröffentlicht und bewirkt in mehreren Reformschritten Änderungen im Teilhaberecht für Menschen mit Behinderungen bis 2023, zum Beispiel in den Sozialgesetzbüchern IX und XII (ebd.). Durch das BTHG wurde, ausgerichtet an der UN-Behindertenrechtskonvention, die Zielsetzung des SGB IX zur gleichberechtigten Teilhabe von Menschen mit Behinderung erweitert, indem nun die „volle, wirksame und gleichberechtigte Teilhabe" (§ 1 S. 1 SGB IX) erreicht werden soll (ebd., S. 66).

In § 78 SGB IX werden durch das BTHG Assistenzleistungen definiert, welche für die Menschen mit Behinderung eine selbstbestimmte Teilhabe in verschiedenen Lebensbereichen sichern sollen. Als Grundlage zur Partizipation der Menschen mit Behinderung dient der in Absatz 2 des Gesetzes genannte Teilhabeplan.

Leistungen für Assistenz umfassen demnach seit der Änderung auch Leistungen für Eltern oder Elternteile mit Behinderungen, um die Versorgung und Betreuung der Kinder sicherzustellen (§ 78 Abs. 3 SGB IX). Nachfolgend wird darauf noch einmal genauer eingegangen.

Eine wichtige Aufgabe der Fachkräfte wird es auch in Zukunft sein, den Wandel in der Behindertenhilfe durch die Entwicklung von mehr Selbstbestimmung, Teilhabe und Chancengleichheit zu unterstützen, um dadurch einen Paradigmenwechsel in der Gesellschaft zu erreichen (IfaS, n.d.).

Laut Pixa-Kettner handelt es sich bei Eltern mit geistiger Behinderung um „die am strengsten kontrollierte und überwachte Elterngruppe in unserer Gesellschaft […], an die bisweilen sogar höhere Maßstäbe angelegt werden als an andere Eltern" (2015, S. 12). Vor diesem Hintergrund wird nun die rechtliche Situation für Eltern mit geistiger Behinderung und ihre Kinder in den Blick genommen.

4. Zwischen Elternrecht und Kindeswohl

Lenz et al. betonen für den Bereich der Elternschaft bei Menschen mit geistiger Behinderung, dass der Ausübung der Elternrolle das Wohl und die Entwicklung des Kindes gegenüberstehen und somit ein gewisses Maß an Fremdbestimmung nötig sein kann und manchmal auch ist (2010, S. 13–17). Einerseits haben Menschen mit Behinderung, genauso wie Menschen ohne Behinderung, nach dem Gesetz das Recht, sich frei zu entfalten, eine Familie zu gründen und dafür auch Unterstützung zu bekommen. Andererseits darf durch die Entfaltung der individuellen Persönlichkeit niemand anderer in seinen Rechten eingeschränkt werden. Hier müssen im Zusammenhang mit dem Thema der Begleiteten Elternschaft im Folgenden die Rechte und Pflichten der Eltern mit geistiger Behinderung dargestellt werden, um dem anschließend die Rechte der Kinder und ihr Wohl gegenüberzustellen.

4.1 Rechtliche Aspekte im Zusammenhang mit der Elternschaft bei Menschen mit geistiger Behinderung

Die Elternschaft bei Menschen mit geistiger Behinderung ist trotz der Forderungen nach Normalisierung, Selbstbestimmung und Inklusion nach wie vor ein herausforderndes und mit Vorurteilen behaftetes Thema im Bereich der Sonderpädagogik (Sanders, 2013, S. 100). Seit 1992 das Betreuungsgesetz geändert und somit die Möglichkeit der Sterilisation bei Menschen mit Behinderung eingeschränkt wurde, ist ein Prozess in der Auseinandersetzung mit der Sexualität, der Partnerschaft und der Elternschaft von Menschen mit geistiger Behinderung in Gang gesetzt worden (ebd.). Zunächst wird in diesem Abschnitt die rechtliche Stellung der Eltern in Deutschland dargestellt, die auch Eltern mit geistiger Behinderung einschließt. Danach werden die Aussagen der Behindertenrechtskonvention der Vereinten Nationen abgebildet, um schließlich den Zusammenhang von rechtlicher Betreuung und elterlicher Sorge darzulegen.

4.1.1 Wesentliche Bezugspunkte im deutschen Rechtssystem

Im Grundgesetz (GG) der Bundesrepublik Deutschland ist in Artikel 2 festgelegt, dass jeder Mensch das Recht auf freie Entfaltung seiner Persönlichkeit hat. Somit dürfen Menschen mit Behinderung auch eine Familie gründen und Kinder bekommen.

Artikel 3 Absatz 1 des Grundgesetzes macht deutlich, dass alle Menschen vor dem Gesetz gleich sind und auch aufgrund einer Behinderung nicht benachteiligt werden dürfen (Art. 3 Abs. 3 S. 2 GG). Zum Thema Ehe und Familie sagt das Grundgesetz in Artikel 6:

> „(1) Ehe und Familie stehen unter dem besonderen Schutze der staatlichen Ordnung. (2) Pflege und Erziehung der Kinder sind das natürliche Recht der Eltern und die zuvörderst ihnen obliegende Pflicht. Über die Betätigung wacht die staatliche Gemeinschaft. (3) Gegen den Willen der Erziehungsberechtigten dürfen Kinder nur auf Grund eines Gesetzes von der Familie getrennt werden, wenn die Erziehungsberechtigten versagen oder wenn die Kinder aus anderen Gründen zu verwahrlosen drohen. [...]"

Folglich stehen Ehe und Familie in Deutschland unter gesetzlichem Schutz (Vlasak, 2015, S. 122). Der Staat kann im Ausnahmefall in eine Familie eingreifen und, wenn es unumgänglich ist, Kinder von ihren leiblichen Eltern trennen (ebd.). Es gilt jedoch der elterliche Erziehungsvorrang vor staatlichen Erziehungseinwirkungen (Beyer, 2017, S. 121). Eltern haben nach Art. 6 Abs. 2 GG das Recht und die Pflicht, ihre Kinder zu pflegen und zu erziehen. Durch sein Wächteramt hat der Staat die Aufgabe, Gefährdungen zu erkennen, die das Wohl und die Entwicklung der Kinder beeinträchtigen (Beyer, 2017, S. 121). Kommen Eltern ihrer Erziehungsverantwortung nicht eigenständig und ohne Hilfe nach, wie dies eventuell bei einer geistigen Beeinträchtigung der Eltern eintreten könnte, sind zunächst staatliche Erziehungs- und Unterstützungsangebote begründet (ebd., S. 122). Somit haben Eltern das Recht auf Hilfen zur Erziehung. Die Angebote der Kinder- und Jugendhilfe nach § 27ff. SGB VIII sind familienunterstützend und -ergänzend ausgerichtet und können ambulant oder stationär erbracht werden (ebd.). Hier gilt der Verhältnismäßigkeitsgrundsatz nach § 1666a BGB, welcher besagt, dass eine Situation von konkreter und akuter Gefährdung des Kindeswohls vorliegen muss, um eine Trennung des Kindes von den Eltern zu rechtfertigen und somit in das Erziehungsrecht einzugreifen (ebd., S. 123).

Annette Vlasak schildert ein Sorgerechtsverfahren vor dem Landgericht Berlin, in dem deutlich wurde, dass Eltern mit geistiger Behinderung nicht grundsätzlich aufgrund ihrer Behinderung das Sorgerecht für ihr Kind entzogen werden darf. Dies verstoße gegen die im Grundgesetz verankerten Rechte, wonach die Würde eines jeden Menschen unantastbar sei. In dem Sorgerechtsverfahren stand nicht eine Gefahr für das Kind im Vordergrund, sondern die Behinderung der Eltern, was als verfassungswidrig und diskriminierend zu werten ist. Zwar könnten sich Gefahren für ein Kind geistig behinderter Eltern ergeben, jedoch muss geprüft werden, ob die Trennung durch unterstützende Hilfen vermieden werden kann (2015, S. 122f.). Vor Gericht darf in einer ähnlichen Situation an Eltern mit intellektueller Beeinträchtigung kein anderes Maß angelegt werden als an Eltern ohne Beeinträchtigung (ebd., S. 125).

4.1.2 Recht auf Elternschaft in der Behindertenrechtskonvention

Die Behindertenrechtskonvention der Vereinten Nationen (BRK) ist im Mai 2008 als völkerrechtlicher, multinationaler Vertrag in Kraft getreten und seit März 2009 in Deutschland gültig (Knospe & Papadopoulos, 2015, S. 77). Sie ist den Bundesgesetzen gleichgestellt, verbindlich für Bund und Länder und für Behörden sowie Gerichte ein Hilfsmittel zur Interpretation deutscher Gesetze (ebd.). Seit Inkrafttreten der BRK gilt es viele Dinge zu realisieren, es seien jedoch schon wichtige Verbesserungen bezüglich der Selbstbestimmung und Teilhabe von Menschen mit Behinderung erreicht worden. Die Beteiligten verschiedener Ebenen, wie beispielsweise Politik, Vertreter der Behindertenverbände, der Personenkreis selbst und weitere Institutionen, müssen sich gut vernetzen, um die geforderte Inklusion aus der BRK gemeinsam umzusetzen (ebd., S. 80). Als wichtigster Aspekt in diesem Prozess ist

festzuhalten, dass Menschen mit Behinderung von den Fortschritten im alltäglichen Leben durch die BRK profitieren sollen (ebd.).
Durch Artikel 23 Abs. 1 BRK sind die Vertragsstaaten verpflichtet, „wirksame und geeignete Maßnahmen zur Beseitigung der Diskriminierung von Menschen mit Behinderung auf der Grundlage der Gleichberechtigung mit anderen in allen Fragen, die Ehe, Familie, Elternschaft und Partnerschaften betreffen", zu gewährleisten.
Dies beinhaltet das Recht aller Menschen mit Behinderung, eine Familie zu gründen (lit. a), frei und verantwortungsbewusst über die Anzahl der Kinder zu entscheiden und die dazu notwendigen Mittel zur Ausübung der Rechte zur Verfügung gestellt zu bekommen (lit. b).
Um diese Rechte wahrzunehmen, ist eine Vielzahl von Maßnahmen nötig, wie Gisela Hermes beschreibt (2015, S. 258). Als eine Grundbedingung nennt sie die Notwendigkeit von Sexualaufklärung und sexueller Bildung für Menschen mit Behinderung und die Verbesserung der strukturellen Bedingungen in Einrichtungen und Heimen, um das Recht auf Intimität und Privatsphäre zu gewährleisten (ebd.). Sie weist darauf hin, dass aus Artikel 23 Abs. 2 der BRK der Anspruch auf eine barrierefreie, angemessene Unterstützung der Eltern mit Behinderung begründet werden kann, damit diese ihrer elterlichen Verantwortung nachkommen können. Somit ergibt sich ein gesetzlich verankertes Recht auf Unterstützung für die Elternschaft (ebd.).
Die unabhängige Monitoring-Stelle UN-BRK überwacht in Deutschland die Einhaltung und Umsetzung der BRK, indem sie wissenschaftliche Studien erstellt und mit Menschen mit Behinderungen, Betreuungseinrichtungen, Behindertenverbänden sowie Angehörigen zusammenarbeitet (Deutsches Institut für Menschenrechte e.V. [DIMR], n.d.). Dies ermöglicht einen breiten Überblick über die Situation von Menschen mit Behinderungen in Deutschland und schafft zum Beispiel Beratungsmöglichkeiten für Ministerien und Gerichte (ebd.). Werden Defizite in der Einhaltung der BRK deutlich, ist es Aufgabe der Monitoring-Stelle, die Einhaltung der Rechte anzumahnen (ebd.). Im letzten Staatenprüfungsverfahren für Deutschland 2015 wurden Probleme aufgedeckt, Kritikpunkte gesammelt und daraus Empfehlungen erstellt. In den abschließenden Bemerkungen zum ersten Staatenbericht wurden zur Verwirklichung von Artikel 23 Defizite festgestellt und Handlungs-

verpflichtungen festgeschrieben (DIMR, 2015, S. 10f.). Der Ausschuss sieht einerseits Probleme und einen Mangel in der ausreichenden Unterstützung von Eltern mit Behinderung im Hinblick auf das Aufziehen ihrer Kinder und andererseits zu wenig Hilfen für die Ausübung ihrer elterlichen Rolle (ebd.). Er betont, dass nach Art. 23 Abs. 4 BRK ein Kind nicht gegen den Willen der Eltern mit Behinderung von ihnen getrennt werden darf, außer es liegt eine gerichtliche Begründung vor, die diesen Vorgang zum Wohle des Kindes rechtfertigt. Weiterhin weist der Ausschuss die Bundesregierung darauf hin, dass den Eltern mit Behinderung barrierefreie, inklusive und wohnortnahe Unterstützungs- und Schutzmöglichkeiten zur Verfügung stehen müssen, damit sie die elterlichen Rechte ausüben können (ebd., S. 11). Somit wurde deutlich, dass das Recht auf selbstbestimmte Elternschaft nach der UN-Behindertenrechtskonvention bisher nicht ausreichend realisiert ist und die Angebote und Hilfsmöglichkeiten für Eltern mit Behinderung ausgebaut werden müssen.

Aufbauend auf den Impulsen der Behindertenrechtskonvention sind die Überlegungen zum Bundesteilhabegesetz (BTHG) entstanden (Bundesministerium für Arbeit und Soziales [BMAS] (n.d., a). Die BRK enthält als bedeutende Prinzipien zum einen den Schutz vor Diskriminierung und zum anderen in Artikel 3 die „volle und wirksame Teilhabe an der Gesellschaft und Einbeziehung in die Gesellschaft" (ebd.). Durch das BTHG wird die Umsetzung der UN-BRK im deutschen Recht verbessert und weiter mit Leben gefüllt (ebd.). Das BTHG wurde im Jahr 2016 verabschiedet und verändert als sogenanntes „Artikelgesetz", welches kein eigenständiges Gesetz darstellt, bestehende Gesetze in verschiedenen Reformschritten bis zum Jahr 2023 (Boetticher, 2018, S. 25). Als Hauptgegenstand zur Weiterentwicklung des Teilhaberechts sind der erste Teil des SGB IX (Rehabilitation und Teilhabe von Menschen mit Behinderungen) sowie das Recht der Eingliederungshilfe zu nennen (ebd.). Dieses wurde zum Jahresbeginn 2020 vom 6. Kapitel des SGB XII als neuer zweiter Teil in das SGB IX überführt, und somit wurde der bisherige zweite Teil des SGB IX (Schwerbehindertenrecht) zum dritten Teil des SGB IX (ebd.). Weitere Änderungen sind bereits erfolgt beziehungsweise erfolgen noch bis 2023. Im Sinne der Konvention besteht durch § 113 Abs. 2 Nr. 2 SGB IX in Verbindung mit § 78 Abs. 3 SGB IX ein Anspruch auf qualifizierte Assistenzleistungen „an Mütter und Väter mit Behinderungen bei der Versorgung und Betreuung ihrer Kinder" (Umsetzungsbegleitung Bundesteilhabegesetz, n.d.). Durch die Neustrukturierung wurden Leistungen eindeutig gesetzlich geregelt und differenzierter beschrieben (ebd.).

Hier kommt das Recht der Eltern auf eine möglichst eigenverantwortliche und selbstbestimmte Lebensführung mit ihren Kindern zum Tragen.

4.1.3 Elterliche Sorge im Zusammenhang mit rechtlicher Betreuung

Durch die Elternrolle kommen viele neue Herausforderungen auf Menschen zu. Es gilt Verantwortung für ein Kind zu übernehmen und Sorge für dessen Entwicklung und Aufwachsen zu tragen. Menschen mit geistiger Behinderung sind, abhängig von ihren Fähigkeiten, besonders auf Unterstützung für diese neue Herausforderung des Lebens angewiesen.

Laut § 1626 Abs. 1 BGB haben Eltern „die Pflicht und das Recht, für das minderjährige Kind zu sorgen (elterliche Sorge)". Die elterliche Sorge beinhaltet die Personensorge und die Vermögenssorge für das Kind (Abs. 2). Sind die leiblichen Eltern des Kindes verheiratet, stehen beiden Elternteilen gemeinsam die Rechte und Pflichten der elterlichen Sorge zu (§ 1626a BGB); ist dies nicht der Fall, steht die elterliche Sorge zunächst der Mutter alleine zu (ebd.). Stimmt die Mutter durch Abgabe einer Sorgeerklärung zu, kann der Vater an der elterlichen Sorge beteiligt werden (ebd.). In den §§ 1626–1698b BGB sind unter anderem folgende weitere Rechte und Pflichten für Sorgeberechtigte geregelt, welche Annette Vlasak (2015, S. 102f.) zusammengefasst hat:

– Pflicht zur Fürsorge, Pflege und Erziehung (§ 1631 Abs. 1 Hs. 1 BGB)
– Aufenthaltsbestimmungsrecht (§ 1631 Abs. 1 Hs. 2 BGB)
– Herausgabeanspruch des Kindes gegenüber Dritten (§ 1632 Abs. 1 BGB)
– Umgangsbestimmungsrecht (§ 1632 Abs. 2 BGB)
– Aufsichtspflicht und Haftpflicht (§ 1631 Abs. 1 BGB und § 823 BGB)

4.1 Rechtliche Aspekte im Zusammenhang mit der Elternschaft bei Menschen mit geistiger Behinderung

- Vertretung des Kindes (§ 1629 BGB)
- Vermögenssorge und somit die Vertretung in finanziellen Angelegenheiten (§ 1626 BGB)
- Pflicht, das Kind gewaltfrei zu erziehen; dies schließt das Verbot von körperlichen Bestrafungen, seelischen Verletzungen und weiteren entwürdigenden Maßnahmen ein (§ 1631 Abs. 2 BGB).

Aus dieser Fülle von wesentlichen Rechten und Pflichten, die Eltern für ihre Kinder wahrnehmen müssen, ergibt sich die Frage, wie Menschen mit geistiger Behinderung diesen Aspekten im Zusammenhang mit einer eventuell vorhandenen Geschäftsunfähigkeit oder bei rechtlicher Betreuung nachkommen können.

Liegt bei einem Elternteil Geschäftsunfähigkeit vor, ruht nach § 1673 Abs. 1 BGB die elterliche Sorge (Dahm & Kestel, 2012, S. 6). Die Geschäftsunfähigkeit muss bewiesen und durch ein Gericht festgestellt werden (ebd.). Es besteht auch die Möglichkeit, die Geschäftsunfähigkeit nur speziell für den Bereich der elterlichen Sorge festzustellen (ebd.).

Liegen Gründe vor, die es beiden Elternteilen unmöglich machen, die elterliche Sorge auszuüben, oder ruht diese, muss für das minderjährige Kind nach den §§ 1793ff. BGB ein Vormund bestellt werden (ebd., S. 7).

Vlasak nennt als Beispiel für die partielle Geschäftsunfähigkeit in Bezug auf die elterliche Sorge eine Behinderung, die so schwer ist, dass sie es dem betroffenen Menschen nicht möglich macht, das Kind als eigenständigen Menschen wahrzunehmen (2015, S. 108).

Das Gericht muss jedoch nach dem Grundsatz der Verhältnismäßigkeit handeln und zunächst alle öffentlichen Hilfsmöglichkeiten nach § 1666a BGB ausschöpfen (ebd., S. 109).

Steht ein Elternteil oder stehen beide Elternteile nach § 1896 BGB unter rechtlicher Betreuung, hat dies keine Auswirkung auf die elterliche Sorge, weil Eingriffe in das Sorgerecht nur aufgrund einer Kindeswohlgefährdung gestattet sind (ebd., S. 106). Laut Vlasak unterscheiden sich die Voraussetzungen von Betreuung signifikant von den Voraussetzungen, die einen Eingriff in das Sorgerecht begründbar machen (ebd.). Es sei immer das Ziel von Betreuung, so wenig wie möglich in die Rechte des Menschen mit Behinderung einzugreifen, und die

Situation für die zu Betreuenden zu verbessern. Folglich ist ein Sorgerechtseingriff immer als Intervention in die Rechte der Eltern zu sehen, der nicht zum Ergebnis hat, die Situation der Eltern zu verbessern, sondern gegen deren Willen zu handeln (ebd., S. 107).

Eine Möglichkeit, die Eltern mit geistiger Behinderung bei der Erziehung ihrer Kinder zu unterstützen, ohne ihr Sorgerecht einzuschränken, sind beispielsweise Hilfen zur Erziehung nach SGB VIII (ebd.) oder auch die im vorangegangenen Kapitel genannte Assistenzleistung für Eltern mit Behinderung nach § 78 Abs. 3 SGB IX. Ist das Wohl des Kindes nicht in Gefahr, sind das Vorliegen einer rechtlichen Betreuung oder eine geistige Behinderung keine Gründe für einen Sorgerechtsentzug (Vlasak, 2015, S. 107). Schon 1982 wurde durch das Bundesverfassungsgericht entschieden, dass mit Vorliegen einer Krankheit und/oder Behinderung der Eltern kein Anlass zum Eingriff in das Sorgerecht der Eltern zu rechtfertigen sei, weil Krankheit und/ oder Behinderung zu den Gegebenheiten des Lebens gehören, welche ein Kind hinnehmen muss (BVerfG 1982 in: NJW 1982, 1379; FamRZ 1982, 567, zit. n. Vlasak, 2015, S. 107).

Nachdem nun die Seite der Eltern, das Recht der Menschen mit Behinderung auf gelebte Elternschaft und die daraus entstehenden Pflichten betrachtet wurden, wird folgend die Perspektive der Kinder herausgestellt. Hier wird der Frage nachgegangen, mit welchen Rechten Kinder ausgestattet sind, wie diese sichergestellt und überprüft werden können und welche Erkenntnisse über die Entwicklungsperspektiven für Kinder von Eltern mit geistiger Behinderung vorliegen.

4.2 Kinderrechte und Kindeswohl

Lenkt man den Blick von der Rolle der Eltern mit geistiger Behinderung auf den Standpunkt der Kinder, stellt sich die Frage, ob es zu einem Spannungsverhältnis der Bedürfnisse und Rechte in der Eltern-Kind-Konstellation kommen kann. Orthmann Bless weist darauf hin, dass in sämtlichen Eltern-Kind-Beziehungen eine Kollision von Elternrecht und Kindeswohl entstehen kann (2016, S. 497). Besonders bei Eltern mit geistiger Behinderung wird dieses Entfaltungsdilemma als sehr schwerwiegend wahrgenommen (ebd.).

Kinder sind ohne Einschränkung Träger von Menschenrechten, jedoch sind sie nicht als kleine Erwachsene zu sehen (Maywald, 2012, S. 14f.). Aufgabe der Erwachsenen ist es, Verantwortung für Kinder zu übernehmen, für deren Schutz und Förderung zu sorgen und somit eine gesunde Entwicklung zu gewährleisten (ebd.). Folglich muss die besondere Situation von Kindern betrachtet werden, deren Eltern als geistig behindert gelten.

4.2.1 Die Rechte des Kindes

Die Rechte von Kindern sind unter Beachtung ihrer besonderen Bedürfnisse und Lebenswelten in der UN-Kinderrechtskonvention (KRK) festgeschrieben. Die KRK wurde von den Vereinten Nationen (UN) im November 1989 verabschiedet und ist, wie auch die BRK, ein völkerrechtlicher Vertrag (Maywald, 2012, S. 16f.). Sie enthält Rechte, welche für alle Menschen gelten und zusätzlich spezielle Rechte, die auf Kinder zugeschnitten sind (ebd.). Seit April 1992 ist die KRK in Deutschland wirksam und hat den Rang eines Bundesgesetzes bekommen (ebd., S. 74ff.). Die Rechte aus der KRK untergliedern sich in Schutz-, Förder- und Beteiligungsrechte, welche jedoch laut Lingg in ihrer tatsächlichen Anerkennung und Wirkung auf das Leben vieler Kinder in Deutschland nicht umfassend umgesetzt werden (2017, S. 490).

Im Kontext von Kindern, bei deren Eltern eine geistige Behinderung vorliegt, haben folgende Artikel laut Annette Vlasak in der KRK eine besondere Bedeutung (2015, S. 125):

- Kinder haben, soweit möglich, das Recht, ihre Eltern zu kennen und von ihnen betreut zu werden (Art. 7 Abs. 1 KRK);
- Kinder dürfen nicht gegen den Willen der Eltern von ihnen getrennt werden, außer eine Trennung ist zum Wohl des Kindes unumgänglich, z.B. bei Vernachlässigung oder Misshandlung (Art. 9 Abs. 1 KRK);
- Kinder haben das Recht, zu beiden Elternteilen persönliche Beziehungen und direkten Kontakt zu pflegen (Art. 9 Abs. 3 KRK).

Die Autorin betont das Recht von Kindern, bei den leiblichen Eltern aufzuwachsen und zu beiden Kontakt zu haben (ebd.). Wenn das Kind nicht mit den eigenen Eltern zusammenleben kann, muss es die Möglichkeit haben, zu den Eltern trotzdem regelmäßig und gegebenenfalls unter angemessenen Schutzmaßnahmen Kontakt zu haben (ebd., S. 126). Um die Rechte der Kinder zu gewährleisten und zu fördern, beinhaltet die Kinderrechtskonvention, ebenso wie die Behindertenrechtskonvention, eine wichtige Verpflichtung der Vertragsstaaten zur Unterstützung der Eltern. Sie fordert in Art. 18 Abs. 2 KRK angemessene Unterstützungsangebote für die Erziehung der Kinder, indem Institutionen, Einrichtungen und Dienste für die Betreuung von Kindern vorgehalten werden.

Im Grundgesetz der Bundesrepublik Deutschland werden nach wie vor Kinder nicht explizit als Rechtsträger genannt (Maywald, 2012, S. 77). Durch ein Urteil des Bundesverfassungsgerichts von 1968 wurde jedoch bestätigt, dass Kinder Träger von eigener Menschenwürde sind und ein Recht auf freie Entfaltung ihrer Persönlichkeit nach Art. 1 Abs. 1 GG und Art. 2 Abs. 1 GG haben (ebd.). Maywald weist auf ein weiteres Urteil von 2008 hin, welches betont, dass Kinder ihre Grundrechte neben dem Staat auch gegenüber ihren Eltern einfordern dürfen. Mit der elterlichen Pflicht zur Pflege und Erziehung des Kindes dem Staat gegenüber stimmt das Recht des Kindes auf Pflege und Erziehung durch die Eltern überein (ebd.). Spezielle Kinderrechte sind aktuell kein Bestandteil des Grundgesetzes, jedoch arbeitet die Bundesregierung an der Verankerung von Kinderrechten in der deutschen Verfassung (Bundesministerium für Familie, Senioren, Frauen und Jugend [BMFSFJ], 2019).

Im BGB wurde nach verschiedenen Reformen der Schutz für gefährdete Kinder verbessert (Maywald, 2012, S. 78). Durch § 1666 BGB wird ein Eingreifen des Familiengerichtes aufgrund von Elternversagen ermöglicht und in § 1666a BGB wird das Kind vor unverhältnismäßiger Trennung von den Eltern geschützt, da öffentliche Hilfen Vorrang haben sollen (ebd.). Das Eingreifen des Gerichts in das elterliche Sorgerecht ist gerechtfertigt, wenn Eltern ihr Sorgerecht missbrauchen, wenn sie ihr Kind vernachlässigen, wenn sie unverschuldet versagen und wenn Gefahr durch einen Dritten nicht von den Eltern abgewendet wird (Vlasak, 2015, S. 103).

Maywald verdeutlicht, dass Eltern nach § 1626 Abs. 2 BGB verpflichtet sind, bei der Pflege und Erziehung die sich entwickelnden Fähigkeiten und Bedürfnisse des Kindes für eine positive Entwicklung zu berücksichtigen. Unter Beachtung des kindlichen Entwicklungsstandes unterstreicht der gleiche Paragraf die Wichtigkeit der Mitbestimmung für Kinder in Fragen elterlicher Sorge (2012, S. 78). Eine weitere Rechtsgrundlage geht aus § 1631 Abs. 2 hervor, welcher besagt, dass Kinder ein Recht auf gewaltfreie Erziehung haben. Hier ist ein Verbot von körperlicher Bestrafung, seelischen Verletzungen und weiteren entwürdigenden Maßnahmen festgeschrieben (ebd., S. 79).

Auch im Sozialgesetzbuch Achtes Buch (SGB VIII) Kinder- und Jugendhilfe sind Kinderrechte ein wichtiger Bestandteil. Bereits in Art. 1 Abs. 1 SGB VIII beginnt das Gesetz mit der Maßgabe: „Jeder junge Mensch hat ein Recht auf Förderung seiner Entwicklung und auf Erziehung zu einer eigenverantwortlichen und gemeinschaftsfähigen Persönlichkeit." Beyer legt dar, dass sich davon ausgehend das Leitbild der Kinder- und Jugendhilfe für die Durchführung ihrer Aufgaben ableitet (2017, S. 123). In Bezug auf Familien, auch mit Elternteilen, welche von einer geistigen Behinderung betroffen sind, entstehen aus dem SGB VIII Angebote für Kinder und Jugendliche zu deren Förderung und Entwicklung. So soll Jugendhilfe nach § 1 Abs. 3 SGB VIII die soziale und individuelle Entwicklung von jungen Menschen fördern, Benachteiligung vermeiden und abbauen, Eltern beraten und unterstützen, Kinder und Jugendliche vor Gefahren für ihr Wohl schützen, und helfen, gute Lebensbedingungen für Kinder und ihre Familien zu fördern (ebd.).

Laut Sanders ist „die befürchtete Gefährdung des Kindeswohles [...] der zentrale Einwand gegen das Recht geistig behinderter Menschen auf gelebte Elternschaft" (2013, S. 101). Um diese Aussage bewerten zu können, wird im nächsten Schritt der Begriff des Kindeswohls genauer erläutert.

4.2.2 Das Wohl des Kindes

Die oben genannten Rechte haben grundlegend das Ziel, Kinder und Jugendliche zu schützen, zu fördern, zu erziehen und ihnen je nach

Entwicklungsstand Beteiligung zu ermöglichen. Sie bilden unter anderem einen Rahmen für das Handeln von Eltern und machen auch Aussagen darüber, was Eltern unterlassen müssen, wie zum Beispiel die Anwendung jeglicher Form von Gewalt gegenüber ihren Kindern. Können Eltern ihrer Erziehungsverantwortung nicht ausreichend nachkommen, indem der Schutz und die positive Entwicklung ihrer Kinder nicht gegeben sind, ist es nötig, das Kindeswohl als Maßstab heranzuziehen.

Beim Kindeswohl handelt es sich um einen unbestimmten Rechtsbegriff, welcher im jeweiligen Einzelfall zum Schutz von Kindern und Jugendlichen betrachtet und ausgelegt werden muss (Dettenborn, 2010, S. 10). Dettenborn sieht den Begriff des Kindeswohls als „definitorische Katastrophe" und nennt unter anderem folgende Ursachen dafür:

- Es gibt keine rechtliche Definition, wie das Kindeswohl auszulegen ist, obwohl es als Maßstab für kindschaftsrechtliches Handeln herangezogen wird (ebd., S. 48).
- Obwohl es sich beim Kindeswohl um einen Rechtsbegriff handelt, ist es nötig, ihn im interdisziplinären Zusammenhang, besonders auch durch die Anwendung von psychologischen und pädagogischen Sichtweisen zu betrachten. Dies bewirke eine Überschreitung der jeweiligen Fachkompetenzen (ebd., S. 49).
- Es handelt sich nicht um einen empirischen Begriff, der sich an beobachtbare Gegebenheiten richtet, sondern um ein hypothetisches Konstrukt. Für die rechtspraktische Anwendung wären feste und empirische Bezüge und praktische Kriterien sinnvoll. Somit werden die Kriterien aktuell widersprüchlich dem Alltagsverständnis entnommen. Dadurch entstehen Zwiespalte wie beispielsweise die Unsicherheit, ob von schicht- und milieuspezifischen Selbstverständlichkeiten ausgegangen werden soll oder von „objektiven" Entwicklungsmaßstäben, wenn Vernachlässigung und Gefährdung des Kindeswohls beurteilt werden müssen (ebd.).

Obwohl Schwierigkeiten und Mängel bestehen, findet der Begriff in der Rechtspraxis konkurrenzlos Anwendung (ebd., S. 50). Diese Funktion sollte laut Dettenborn dazu genutzt werden, den Begriff als Erkenntnisinstrument und zur Ausschöpfung und Analyse der sozialen Gegebenheiten und der Rechtsverhältnisse zu nutzen, um von den

Erwachsenen- und Familienrechten zur Individualität und Würde des Kindes zu gelangen (ebd.).

In den verschiedenen Gesetzen fehlt eine klare Definition, es wird jedoch häufig auf das Wohl des Kindes Bezug genommen. Maywald betont, dass ein multiprofessionelles Denken für die Verständigung über das Kindeswohl erforderlich ist, damit das Wohl des Kindes entsprechende Beachtung findet (2012, S. 92f.).

Wiesner und Dettenborn schlagen Definitionen vor, die unterschiedliche Aspekte berücksichtigen. Laut Wiesner bezeichnet der Begriff des Kindeswohls sowohl den „gegenwärtigen Zustand des körperlichen, geistigen und seelischen Wohlbefindens des Kindes als auch den Prozess des Hineinwachsens des Kindes in die Selbstbestimmungs- und Selbstverantwortungsfähigkeit" (2017, S. 506).

In einem anderen Definitionsversuch schlägt der Familienrechtspsychologe Dettenborn vor, „unter familienrechtspsychologischem Aspekt als Kindeswohl die für die Persönlichkeitsentwicklung eines Kindes oder Jugendlichen günstige Relation zwischen seiner Bedürfnislage und seinen Lebensbedingungen zu verstehen" (2010, S. 51).

Somit wird in den genannten Definitionsversuchen ein Blick auf den gegenwärtigen Zustand des kindlichen Wohlbefindens und der kindlichen Entwicklung gerichtet (Wiesner) und ein Abwägen im Einzelfall zwischen den Bedürfnissen und den jeweiligen Lebensbedingungen des Kindes (Dettenborn) empfohlen.

Inhaltliche Aussagen zum Kindeswohl lassen sich in verschiedenen Gesetzen finden, zum Beispiel im Grundgesetz durch die Unantastbarkeit der menschlichen Würde (Art. 1 GG), durch das Recht auf freie Entfaltung der Persönlichkeit und das Recht auf Leben und körperliche Unversehrtheit nach Art. 2 GG (Pixa-Kettner & Sauer, 2015, S. 220). Art. 6 GG, auf welchen schon in Kapitel 4.1.1 eingegangen wurde (Pflege und Erziehung der Kinder als Recht und Pflicht der Eltern), wird als Elternrecht beschrieben, hat jedoch den Schutz des Kindeswohls zum Ziel (ebd., S. 221). Die Autoren verweisen auf ein Urteil des Bundesverfassungsgerichtes, welches den Gedanken forciert, dass Eltern normalerweise „das Wohl des Kindes mehr am Herzen liegt als irgendeiner anderen Person oder Institution" (Wiesner, 2005, zit. n. Pixa-Kettner & Sauer, 2015, S. 221). Demnach sollten Eltern als Spezialisten für ihr Kind gesehen werden.

In Kapitel 4.1.3 wurde die elterliche Sorge beschrieben, welche nach dem BGB ebenfalls Aussagen zum Kindeswohl macht. Kommen die Eltern den Aufgaben und Verpflichtungen der elterlichen Sorge nicht nach und gefährden sie somit das körperliche, seelische und geistige Wohl des Kindes, muss das Familiengericht nach § 1666 BGB Maßnahmen zur Sicherung oder Wiederherstellung ergreifen (ebd.). Als Hauptziel ist hier die (Wieder-) Herstellung der Elternverantwortung zu sehen, indem vorrangig unterstützende Hilfen, wie z.B. Hilfen zu Erziehung oder Elternassistenz für Menschen mit Behinderung Anwendung finden, bevor eine Trennung des Kindes von den Eltern erwogen wird (§ 1666a BGB). Diese ist nach Gefährdungseinschätzung mehrerer Fachkräfte als letztes Mittel zu sehen, wenn durch andere Angebote und Hilfen der Schutz der Kinder oder Jugendlichen nicht gewährleistet werden kann (§ 8a SGB VIII).

Weiterhin wird in Art. 3 Abs. 1 der KRK das Kindeswohl als vorrangig zu berücksichtigender Gesichtspunkt genannt. Somit bildet das Kindeswohl den Ausgangspunkt für weitere verbindliche Kinderrechte (Pixa-Kettner & Sauer, 2015, S. 221). Art. 7 Abs. 1 KRK geht vom Kind aus und legt fest, dass Kinder, soweit möglich, ihre Eltern kennen und von ihnen betreut werden sollen. Pixa-Kettner und Sauer betonen die Wichtigkeit dieses Aspektes im Zusammenhang mit der Beurteilung des Kindeswohls von Kindern geistig behinderter Eltern. Zusätzlich weisen sie darauf hin, dass eine Einschätzung des Kindeswohls durch Fachkräfte im Zusammenhang mit kindlichen Bedürfnissen gesehen werden soll (ebd., S. 222).

Annegret Werner verdeutlicht, dass die Erfüllung kindlicher Grundbedürfnisse auf gewisse Formen der Erziehung und Betreuung, der Fürsorge sowie auf Erfahrungen mit der Umwelt zurückzuführen ist (2006, S. 81). Sie beruft sich auf drei grundlegende Bedürfnisse, welche angelehnt sind an die Basis-Bedürfnisse von Alderfer. Die von ihr beschriebenen Grundbedürfnisse stehen in einem Zusammenhang und ihre Wirkung ist voneinander abhängig. Sie sind als gleichwertig anzusehen und können je nach Entwicklungsstufe des Kindes unterschiedliche Bedeutung haben (ebd.). Werner unterscheidet folgende Bedürfnisse:

- *Das Bedürfnis nach Existenz* beinhaltet körperliche Unversehrtheit, Sicherheit und Versorgung. Dazu zählen physiologische Bedürfnisse (z.b. Essen, Trinken, Körperpflege, angemessener Wach- und Schlafrhythmus) und das Bedürfnis nach Schutz und Sicherheit (z.B. wettergemäße Kleidung, Aufsicht durch Erwachsene, Schutz vor Krankheiten und Unterlassen von Gewalt und jeglichen grenzverletzenden Verhaltensweisen). Besonders in den ersten Lebensjahren sind Kleinkinder auf den Schutz und die Versorgung durch Bezugspersonen angewiesen. Sie äußern einen Mangel in der Versorgung dieser Bedürfnisse in Weinen und Unruhe (ebd., S. 82).
- *Das Bedürfnis nach sozialer Bindung* ist als Grundbedürfnis des Menschen zu sehen. Kinder benötigen mindestens eine konstante Bezugsperson, welche eine liebevolle, beständige, verlässliche und empathische Beziehung zu ihnen pflegt. In der Gestaltung der Beziehung muss das individuelle Wesen des Kindes berücksichtigt werden.
Kleinkinder gehen Bindungen zu den Personen ein, von denen sie versorgt werden und die ihre Bedürfnisse befriedigen. Bindungserfahrungen aus der frühesten Kindheit prägen das eigene, zukünftige Bindungsverhalten. Sichere Bindungen fördern die Entdeckungsfreude und die geistige Entwicklung. Das Bindungsverhalten ändert sich mit der Entwicklung des Kindes und fordert eine Anpassung durch die Bezugspersonen. Die Bedürfnisse nach Zugehörigkeit, nach Gemeinschaft, nach Akzeptanz und gemeinschaftlichen Werten und Normen gehören ebenfalls dazu (ebd., S. 82f.).
- *Das Bedürfnis nach Wachstum* wird durch kognitive, emotionale, ethische und soziale Erfahrungen gestillt. In der Interaktion mit der Umwelt benötigt das Kind, je nach Entwicklungsstand, verschiedenste Anregungen, um eigene Fähigkeiten und Fertigkeiten zu entwickeln. Durch das Ermöglichen von verschiedenen Erfahrungen wird das Explorationsverhalten der Kinder gefördert. Die Bezugspersonen geben Halt, setzen nötige Grenzen und geben den Kindern Anerkennung und Lob für ihre Leistungen.

Kinder benötigen von Geburt an angemessene Anregungen und eine soziale Umwelt. Um individuelle Entwicklungsanreize zu bieten, ist eine gute Beobachtungsfähigkeit und Empathie durch die Bezugspersonen wichtig. Somit entwickelt sich bei den Kindern ein positives Selbstkonzept (ebd., S. 83).

Die Autorin gibt zu bedenken, dass Kinder, je nach Alter, von Erwachsenen abhängig und ihnen sogar ausgeliefert sind, wenn es um die Erfüllung ihrer Bedürfnisse geht. Es muss ein Gleichgewicht zwischen den individuellen Bedürfnissen in der Familie herrschen und die Gesellschaft muss sensibel auf Machtmissbrauch in Familien reagieren (ebd.). Lenz et al. machen darauf aufmerksam, dass Vernachlässigung von Kindern bei Eltern mit kognitiver Beeinträchtigung häufiger vorkommt als beim Rest der Kinder, was auf einen Mangel an Wissen bei deren Eltern zurückzuführen ist (2010, S. 165). Besteht ein Ungleichgewicht bei der Verwirklichung der individuellen Bedürfnisse und Rechte in der Familie, wie dies bei der Elternschaft von Menschen mit geistiger Behinderung vorkommen kann, gilt es, adäquat Informationen zu vermitteln und passende Unterstützungsangebote für Familien zu finden.

Wenn es um die Erbringung von Leistungen der Jugendhilfe nach § 2 Abs. 2 SGB VIII geht, hat diese die Aufgabe, unter Sicherstellung des Kindeswohls, die Eltern an Entscheidungen zu Angeboten zu beteiligen und auch die Kinder nach Möglichkeit mit einzubeziehen (Wiesner, 2017, S. 507). Eine gute Zusammenarbeit der Beteiligten ist grundlegend wichtig, um sich über den benötigten Hilfebedarf und die Gestaltung der Hilfsangebote zu einigen, da Akzeptanz und Kooperationsbereitschaft Voraussetzungen für erfolgreiche Hilfen sind (ebd.). Ist eine akute Gefährdung des Kindeswohls erkennbar, wird durch das Jugendamt eine Gefährdungseinschätzung vorgenommen, an der normalerweise Eltern und Kinder beteiligt werden, um ein Schutzkonzept zur Abwendung der Gefahr zu erarbeiten (ebd.). Ist dies nicht möglich, wird das Familiengericht durch das Jugendamt eingeschaltet, um weiterreichende Schritte für die Erhaltung oder Wiederherstellung des Kindeswohls einzuleiten (ebd.). Maywald schließlich empfiehlt, den Begriff des Kindeswohls so zu sehen, dass er gemeinsam mit den Kinderrechten und den Bedürfnissen von Kindern in Einklang gebracht werden kann (2012, S. 104).

Nach Ansicht von Pixa-Kettner und Sauer ist eine vollständige und für alle Fälle gültige Sammlung von Kriterien zur Überprüfung des Kindeswohls nicht möglich (2015, S. 223). Sie geben zu bedenken, dass bei einer Elternschaft von Menschen mit geistiger Behinderung die besondere Lebenssituation und die individuelle Bedürfnislage der Kinder berücksichtigt werden müssen (ebd.).

Um eine sorgfältige Abwägung von Elternrecht und Kindeswohl möglich zu machen, ist es nötig, im nächsten Schritt auf die Erkenntnisse zu blicken, welche über die Entwicklung von Kindern geistig behinderter Eltern vorliegen.

4.2.3 Entwicklung bei Kindern von Eltern mit geistiger Behinderung

Als Hauptpunkt der Diskussion um die Elternschaft bei Menschen mit geistiger Behinderung gilt die Frage nach der Entwicklung der Kinder (Sanders, 2015, S. 161). Es wird diskutiert, ob für die Kinder ein erhöhtes Risiko für Entwicklungsverzögerungen besteht, weil ihre Eltern eventuell die vielen Erziehungsaufgaben nicht bewältigen können und somit das Wohl der Kinder bedroht ist (ebd.). Menschen mit geistiger Behinderung hätten mit Bedenken der Gesellschaft zu kämpfen, weil sie sich teilweise nicht komplett selbst versorgen können und somit auch keine Verantwortung für andere übernehmen könnten. Weiterhin besteht die Auffassung, dass Kinder mit einer besonderen biografischen Belastung kämpfen müssen, wenn sie geistig behinderte Eltern haben (ebd.).

In den wenigen vorhandenen Untersuchungen zur Entwicklung von Kindern geistig behinderter Eltern, welche sich hauptsächlich auf die frühe Kindheit beziehen, wurde deutlich, dass für diese Kinder ein erhöhtes Risiko für das Entstehen von Entwicklungsverzögerungen, vor allem im sprachlichen Bereich, besteht (Kindler, 2006, S. 206). So stellten Keltner et al. 1999 bei 42 % der untersuchten zweijährigen Kinder, deren Mütter eine leichte geistige Behinderung aufwiesen, eine Entwicklungsverzögerung fest (ebd., S. 210). Die Forscher sehen in diesem Fall ein dreifach höheres Risiko als bei der Kontrollgruppe (ebd.).

McGaw stellte ebenfalls fest, dass einjährige Kinder häufig sprachliche Entwicklungsprobleme zeigten, und verweist auf den starken Zusammenhang von sprachlicher und geistiger Entwicklung bei Kindern. Sie begründet damit festgestellte Defizite in den kognitiven Fähigkeiten. Hier nennt die Forscherin als häufig angegebenen Grund die unzureichende Förderung und Anregung durch die kognitiv beeinträchtigten Eltern (McGaw, 1995, S. 54f., zit. n. Pixa-Kettner & Sauer, 2015, S. 229).

Pixa-Kettner erkannte bedeutende Verzögerungen in der Entwicklung und kognitive Einschränkungen bei drei von sechs untersuchten Kindern, welche bei mindestens einem Elternteil mit geistiger Behinderung aufwuchsen (ebd.). Kinder von Eltern mit geistiger Behinderung zeigen laut verschiedenen Untersuchungen aus den 1980er- und 1990er-Jahren zu einem Anteil von 40 % bedeutsame Verhaltensauffälligkeiten (Kindler, 2006, S. 211).

Bei 30 % bis 60 % der Kinder besteht das Risiko einer geistigen Behinderung. Es ist jedoch zu beachten, dass die Kinder über einen höheren IQ als ihre Eltern verfügen (Prangenberg, 2002, S. 91). Grundsätzlich wird durch die vorliegenden Ergebnisse deutlich, dass bei Kindern von Eltern mit geistiger Behinderung ein erhöhtes Risiko für die Entstehung von Entwicklungsverzögerungen im kognitiven und sprachlichen Bereich besteht (ebd., S. 112). Durch entsprechende Unterstützungsformen und Förderung können die auftretenden Entwicklungsverzögerungen jedoch ausgeglichen werden (ebd.). Bei den Verhaltensauffälligkeiten sieht Prangenberg die Entstehungsursache vor allem in den familiären Lebensbedingungen und nicht in der geistigen Behinderung der Eltern. Durch biografische Einschnitte und herausfordernde Ereignisse, wie Fremdplatzierung, eine kritische sozioökonomische Lage oder psychosoziale Probleme wie Armut oder Gewalt in der Familie, werde die Entstehung von Verhaltensauffälligkeiten begünstigt (ebd., S. 113).

Im Gegensatz zu den Entwicklungsbelastungen, welche bei den Kindern erforscht wurden, weisen Untersuchungen von O'Neil und Gillberg & Geijer-Karlsson bei bis zu einem Viertel der Kinder auf positive Entwicklungsverläufe hin (Kindler, 2006, S. 211).

Die Entwicklung der betreffenden Kinder wird durch verschiedene Aspekte beeinflusst, die sich zum Beispiel in Risiko- und Schutzfaktoren unterscheiden lassen, welche sich positiv oder negativ auswirken können (Sanders, 2015, S. 163). Eine Behinderung der Eltern oder auch nur eines Elternteils kann als Risikofaktor gesehen werden, ebenso wie zum Beispiel eine Trennung von den Eltern, Parentifizierung, Vernachlässigung und schlechte Versorgung durch die Eltern, Armut, Sucht, Diskriminierung, Tabuisierung der elterlichen Behinderung oder jegliche Form von Gewalt (ebd., S. 165-173).

Für die Beurteilung der Risikofaktoren schildert Sanders, dass nicht von einer pädagogischen Idealvorstellung von „perfekten Menschen" und „gelungenen Lebensverläufen" ausgegangen werden darf. Würden bei den Kindern Auffälligkeiten beobachtet, werden diese stets mit der geistigen Behinderung der Eltern erklärt und andere Risikofaktoren, wie zum Beispiel Armut, nicht beachtet. Dies ist auf ein häufig defizitär geprägtes Bild von Menschen mit Behinderung zurückzuführen. Sanders stellt die These auf, dass im Leben von Kindern geistig behinderter Eltern keine Risiken festgestellt werden könnten, die es in anderen Familien nicht auch in ähnlicher Ausprägung gibt (ebd., S. 181f.).

Um die Erziehungsfähigkeit der Eltern und die Entwicklung der Kinder einzuschätzen, dürfen Fachkräfte auch andere eventuell vorhandene Belastungen und Risikofaktoren, wie zum Beispiel soziale Isolation, psychische Erkrankung der Eltern oder Ehekonflikte, nicht übersehen (Kindler, 2006, S. 212).

Neben den Risikofaktoren für die kindliche Entwicklung sind die Schutzfaktoren im Leben der Kinder zu betrachten. Die Resilienzforschung greift die Frage auf, warum manche Menschen besser mit belastenden Ereignissen umgehen können als andere (Sanders, 2015, S. 182). Entsprechende Erkenntnisse werden durch das Vorhandensein von Schutzfaktoren erklärt (ebd.). Als Schutzfaktoren im Leben der Kinder können die Unterstützung durch ein familiäres Netzwerk, das Vorhandensein von elterlichen Kompetenzen und eine positive emotionale Bindung zwischen Eltern und Kind gesehen werden (ebd., S. 186f.). Das professionelle Hilfesystem kann im Leben der Kinder von Eltern mit geistiger Behinderung einen entscheidenden Schutzfaktor darstellen (ebd., S. 189ff.). Hier ist es wichtig, die Kinder alltagsorientiert in verschiedenen Entwicklungsbereichen voranzubringen, ihnen Umwelterfahrungen zu ermöglichen, sie in ihrer besonderen

Lebenssituation zu begleiten und ihre Stärken zu entdecken und zu fördern (ebd.). Die Eltern mit geistiger Behinderung müssen in ihren Kompetenzen gestärkt und pädagogische Unterstützungsangebote für beide Seiten entwickelt werden (ebd.).

Speck verweist darauf, dass nicht ausschließlich auf die Schutzfaktoren der Kinder gebaut werden darf. Es müsse eine systemische Perspektive eingenommen werden, die sich nicht nur darauf beschränkt, die Kinder zu stärken, sondern auch die allgemeinen Lebensumstände der Familien mit geistig behinderten Elternteilen optimiert (Sanders, 2015, S. 183f.). Auch Booth und Booth befürworten einen umfassenden Blick auf den Zusammenhang von elterlichen Fähigkeiten, der Entwicklung des Kindes und deren Auswirkungen auf ihr späteres Leben (ebd., S. 192). Das elterliche Handeln und somit die elterlichen Kompetenzen stehen im engen Zusammenhang mit der Entwicklung und dem Wohl der Kinder (Prangenberg, 2002, S. 58). Das Leben von Kindern geistig behinderter Eltern ist nicht negativ vorherbestimmt, sondern abhängig von den elterlichen Fähigkeiten und dem Zusammenwirken des sozialen Netzwerkes (Sanders, 2013, S. 101).

Für gezielte und systematische Ansätze zur Förderung der elterlichen Fähigkeiten kognitiv beeinträchtigter Eltern konnten in aussagekräftigen Studien positive Wirkungen in verschiedenen Bereichen bestätigt werden (Feldman et al., 1992 & 1993; Llewellyn et al., 2003; Keltner et al., 1995; Mildon et al., 2004, zit. n. Kindler, 2006, S. 212). So wurden Verbesserungen in gefährdungs- und entwicklungsrelevanten Bereichen (z.B. weniger Unfallgefahren für Kinder im Haushalt; Verbesserung der Eltern-Kind-Interaktionen) und eine Reduzierung der Fremdunterbringungsrate der Kinder wegen Kindeswohlgefährdung vielfach belegt (ebd., S. 208).

Für Fachkräfte der Sozialen Arbeit ist es eine große Herausforderung, zum einen das Wohl des Kindes zu beurteilen, und zum anderen die Rechte, die Kompetenzen und Ressourcen der Eltern nicht zu missachten. Kinder sind in der Bewältigung ihres Alltags und ihrer besonderen Lebenssituation zu unterstützen und in ihrer Entwicklung zu fördern (Prangenberg, 2015, S. 45). Die Eltern mit geistiger Behinderung sind dabei darin zu fördern, Verantwortung für sich und ihre Kinder zu übernehmen und eine Perspektive für ein gemeinsames Leben zu entwickeln. Gegebenenfalls ist durch die Fachkräfte auch eine Trennung der Eltern und der Kinder zu begleiten.

In diesem Spannungsverhältnis gilt es passende Unterstützungsangebote, nach Möglichkeit gemeinsam mit den Familien, zu finden, aber auch zu erkennen, wann das Kindeswohl gefährdet ist.

5. Elterliche Kompetenzen bei Menschen mit geistiger Behinderung

In der Diskussion um die Elternschaft von Menschen mit geistiger Behinderung tritt häufig die Frage auf, ob dieser Personenkreis in der Lage ist, elterliche Fähigkeiten zu erlernen (Prangenberg, 2015, S. 42f.). Eltern mit geistiger Behinderung werden mit Eltern ohne Behinderung verglichen, welche zu Beginn der Elternschaft auch erst in ihre neue Rolle hineinwachsen und Kompetenzen entwickeln müssen. Nach wie vor wird den Menschen mit Behinderung Inkompetenz bei der Versorgung ihrer Kinder unterstellt, statt sie darin zu unterstützen, ihre Fähigkeiten zu entwickeln und zu fördern (Bargfrede, 2015, S. 299). Es ist zu beobachten, dass Menschen mit kognitiver Beeinträchtigung häufig nicht auf ihre Elternrolle vorbereitet werden, wie dies bei Menschen ohne Behinderung der Fall ist, da zum Beispiel Geburtsvorbereitungskurse und weitere Bildungsangebote in diesem Bereich nicht auf Menschen mit geistiger Behinderung ausgerichtet sind (Prangenberg, 2015, S. 43).

In verschiedenen Untersuchungen konnte jedoch festgestellt werden, dass Menschen mit geistiger Behinderung, abhängig von ihren Grundbedingungen, Teilaspekte elterlicher Fähigkeiten erlernen und weiterentwickeln können (ebd.). Dennoch müssen Erfahrungen im Lebenslauf der Menschen mit Behinderung und Rahmenbedingungen, die Grenzen und Komplikationen mit sich bringen können, bedacht werden, da sie es erschweren oder sogar verhindern können, elterliches Handeln zu erlernen (ebd.).

In diesem Teil der Arbeit wird erklärt, worum es sich bei elterlichen Kompetenzen handelt, wie man diese bei Menschen mit geistiger Behinderung erfassen kann und wie sich daraus ein Unterstützungsbedarf ermitteln lässt.

5.1 Verständnis von elterlichen Kompetenzen bei Eltern mit geistiger Behinderung

Um ihrem elterlichen Erziehungsauftrag nachzukommen und den kindlichen Bedürfnissen gerecht zu werden, benötigen Eltern verschiedene Kompetenzen und Fähigkeiten. Pixa-Kettner beschreibt drei Ebenen, auf denen elterliche Kompetenzen wirken. Ihrer Ansicht nach geht es bei diesen Kompetenzen um die *körperliche Ebene*, welche Versorgung und Pflege, Sicherheit und Schutz des Kindes beinhaltet. Weiter nennt sie die *psychologische Ebene*, die intellektuelle Anregung und emotionale Zuwendung einschließt, außerdem die *soziale Ebene*, bei der es um Unterstützung beim Hineinwachsen in die Gesellschaft geht (Pixa-Kettner, 2006, S. 124). Pachter und Dumont-Mathieu beschreiben drei ähnliche Ziele des „parenting"[1] und geben zu bedenken, dass über diese Ebenen zwar Einigkeit hergestellt werden könnte; Uneinigkeit bestehe jedoch über die genaue Erreichung der Ziele (ebd.). Sie sehen das Erreichen in Abhängigkeit vom jeweiligen Kontext, in dem die Familien leben. Beeinflusst wird dieser von kulturellen Faktoren und vom sozialen Status (ebd.).

Pixa-Kettner stellt deswegen fest: „Es ist nicht möglich, konkrete elterliche Kompetenzen allgemein gültig zu definieren, sondern sie können nur relativ, in Abhängigkeit von der jeweiligen soziokulturellen Umgebung präzisiert werden" (ebd.). Die Autorin warnt davor, konkrete Vorstellungen von meist mittelschichtorientierten Fachkräften als verbindlich zu sehen und Eltern mit geistiger Behinderung daran zu messen, da diese häufig einer anderen sozialen Schicht angehören (Pixa-Kettner, 2007, S. 6). Der individuelle, persönliche Erziehungsstil spielt bei Eltern mit und ohne Behinderung bei der Verwirklichung elterlicher Kompetenzen eine wichtige Rolle und ist von Fachkräften zu respektieren (ebd., S. 8). Die Autorin betont, dass die elterlichen Kompetenzen, und auch Probleme damit, das Ergebnis einer komplexen Situation sind, welches auch vom persönlichen und professionellen Unterstützungssystem beeinflusst wird. Sie sieht eine Verbindung zum

---

1 Der Begriff des „parenting" ist nicht wörtlich ins Deutsche übersetzbar, da es hier kein Verb zum Substantiv Eltern gibt. Abhängig vom Zusammenhang ist damit das Elternsein oder auch elterliches Verhalten gemeint (Pixa-Kettner, 2006, S. 124).

Behinderungsverständnis der WHO (Kapitel 2.2), welches eine Behinderung nicht als individuelles Merkmal sieht, sondern als Wechselwirkung verschiedener Faktoren. Sie erläutert am Beispiel von Familien mit höherem Einkommen, dass es selbstverständlich ist, elterliche Aufgaben an andere Personen oder Organisationen zu verteilen und sich zum Beispiel Unterstützung oder Entlastung durch eine Reinigungskraft, durch Babysittende oder die Anmeldung zu Ferienfahrten zu organisieren. Bei Familien mit erhöhtem Hilfebedarf wird dies hingegen als Schwäche und grundsätzliches Unvermögen bezeichnet; teilweise verfügen diese Familien nicht selbst über die nötigen finanziellen Mittel oder über soziale Netzwerke (ebd., S. 8f.). Die Aufgabe von Fachkräften besteht somit darin, frühzeitig geeignete Hilfen für und mit Menschen mit Behinderung zu organisieren, um ihnen eine normale Teilhabe am Leben als Familie zu ermöglichen und sie nicht zusätzlich zu „behindern", sondern sie in der Übernahme ihrer elterlichen Rolle zu unterstützen (ebd.).

In den letzten Jahrzehnten wurde die Übernahme der elterlichen Rolle durch Menschen mit geistiger Behinderung in den meisten Studien negativ bewertet (Pixa-Kettner & Sauer, 2015, S. 232f.). Ohne klare Kriterien zur Beurteilung elterlicher Kompetenzen zu definieren, wurde den Eltern Missbrauch und Vernachlässigung ihrer Kinder zugeschrieben (ebd.). Pixa-Kettner und Sauer erkennen in den letzten Jahren ein Umdenken, welches Elternschaft von Menschen mit Behinderung als Prozess mit diversen Einflussfaktoren sieht. Sie stellen die Bedeutung der lebenspraktischen und adaptiven Fähigkeiten in den Vordergrund. Der Intelligenzquotient wirkt sich erst bei einem Wert von unter 55 auf die elterlichen Kompetenzen aus (ebd.). Durch die kognitive Beeinträchtigung und die damit einhergehenden Defizite in den adaptiven Kompetenzen liegt ein Unterstützungsbedarf der Eltern mit geistiger Behinderung nahe, um deren Erziehungsfähigkeit zu gewährleisten und das Kindeswohl sicherzustellen (Orthmann Bless, 2016, S. 498).

Vernachlässigung tritt bei Kindern von Eltern mit geistiger Behinderung zwar häufiger als in der sogenannten Normalbevölkerung auf, sie resultiere jedoch aus einem Mangel an adäquater Informationsvermittlung für diese Personengruppe (Lenz et al., 2010, S. 165). Dies ist bei der Unterstützung der Familien zu berücksichtigen, ebenso wie die

Möglichkeiten der Eltern und ihre Lern- und Entwicklungsbereitschaft (ebd.).
Die intuitiven elterlichen Kompetenzen spielen auch bei Menschen mit Behinderung eine wichtige Rolle (Pixa-Kettner & Sauer, 2015, S. 233). Die Säuglingsforschung fand in den letzten Jahrzehnten heraus, dass Neugeborene zwar schon über einige Fähigkeiten verfügen, jedoch auf die Unterstützung ihrer Eltern angewiesen sind. Laut Papoušek reagieren Eltern in Bruchteilen von Sekunden intuitiv auf die Signale und Bedürfnisse des Kindes und zeigen somit Verhaltensweisen, die als intuitive elterliche Kompetenzen bezeichnet werden (Pixa-Kettner, 2006, S. 125). Intuitive elterliche Kompetenzen können sich nur in Anwesenheit des Kindes herausbilden. Liegen bei den Eltern oder beim Kind ungünstige Bedingungen vor, wie psychische Beeinträchtigungen, Verunsicherung, chronischer Stress, unstillbares Schreien oder weitere Schwierigkeiten, und dauern diese negativen Erfahrungen längere Zeit an, kann es zu einer Störung in der Beziehung zwischen Eltern und Kind kommen (ebd.). Bei Eltern mit geistiger Behinderung liegen laut Pixa-Kettner häufig negative Bedingungen vor, wie etwa eigene ungünstige Erfahrungen in der Eltern-Kind-Bindung, Probleme mit der Lebenssituation oder geringes Selbstvertrauen in die eigenen elterlichen Kompetenzen. Durch Interventionen von außen und die Angst vor einer Trennung vom Kind werden diese Blockaden häufig noch verstärkt und somit die intuitiven elterlichen Kompetenzen behindert (ebd.). Intuitive elterliche Kompetenzen scheinen unabhängig von der Kultur, von der Intelligenz, vom Geschlecht und dem Bildungsgrad zu sein, was dafür spricht, dass auch Menschen mit geistiger Behinderung über diese elterlichen Fähigkeiten verfügen (ebd.). Laut Papoušek sind besonders gebildete Mütter, die „zu viel lesen" und nicht intuitiv handeln, von einer Störung der intuitiven Kompetenzen bedroht (ebd.). Durch verschiedene Untersuchungen von Pixa-Kettner, Brenner & Walter und viele Jahre praktischer Erfahrungen (Ghattas) stellte sich heraus, dass die meisten Mütter mit geistiger Behinderung zu positiven Eltern-Kind-Interaktionen in der Lage waren, wobei dafür die Gegenwart des Kindes erforderlich war (ebd.). Somit können vor der Geburt keine generellen Aussagen zur Eltern-Kind-Beziehung bei kognitiv beeinträchtigten Müttern gemacht werden (ebd.). Pixa-Kettner und Sauer weisen ebenfalls darauf hin, dass Einigkeit darin besteht, elterliche

Kompetenzen bei Menschen mit geistiger Behinderung in Wechselwirkung mit den sozialen und gesellschaftlichen Gegebenheiten zu sehen, in denen die Familien leben (2015, S. 233). Die Beurteilung elterlicher Kompetenzen findet somit im ganzheitlichen Zusammenhang und in Abhängigkeit von verschiedenen Faktoren statt. Dies entspricht dem in Kapitel 2 vorgestellten Bild vom Menschen mit Behinderung und einer ganzheitlichen Sicht seiner Lebenssituation.

Bei kognitiv beeinträchtigten Eltern wurden Probleme bezüglich der Sorge für die Gesundheit und Sicherheit ihrer Kinder und im Umgang mit Erziehungsproblemen festgestellt (Orthmann Bless, 2016, S. 498). Es konnte allerdings eine Veränderbarkeit von elterlichen Kompetenzen durch zielgerichtete Maßnahmen nachgewiesen werden (ebd.), jedoch treten Probleme bei der Kontinuität und Übertragung der erlangten Kompetenzen auf, welche aktuell eine Trennung der Kinder von ihren geistig behinderten Eltern längerfristig häufig nicht verhindern können (ebd.). Lenz et al. fassen die Erfüllung der Erziehungsaufgaben folgendermaßen zusammen: „Eine wesentliche Aufgabe von Erziehung besteht darin, eine möglichst optimale Passform zwischen den altersgemäßen Bedürfnissen des Kindes und der Gestaltung der kindlichen Umwelt durch die Eltern herzustellen" (2010, S. 100).

Um passende Unterstützungsformen ausgehend vom Hilfebedarf der Eltern mit geistiger Behinderung zu finden oder zu entwickeln, ist es nötig, deren Fähigkeiten und Ressourcen herauszufinden, um den Bedarf an Unterstützung zu ermitteln. Aus diesem Grund wird im nächsten Abschnitt ein Modell zur Ermittlung elterlicher Kompetenzen vorgestellt.

5.2 Ermittlung elterlicher Fähigkeiten und elterlicher Unterstützungsbedürfnisse durch das „Parental Skills Model" und das „Parent Assessment Manual"

Nachdem deutlich geworden ist, dass elterliche Kompetenzen bei Menschen mit geistiger Behinderung von verschiedenen Gegebenheiten abhängig sind, liegt es nahe, diese Faktoren systematisch zu betrachten. Hierzu bieten sich das Modell elterlicher Fähigkeiten „Parental Skills Model" und das dazugehörige „Parent Assessment Manual" an.

Das „Parental Skills Model" (PSM) wurde von Sue McGaw, der Begründerin des Special Parenting Service in Cornwall (England) gemeinsam mit Peter Sturmey 1994 geschaffen. Die Einrichtung verfügt seit 1987 über Erfahrungen mit ambulanten Betreuungsangeboten für Eltern mit geistiger Behinderung und konnte allein in den ersten zehn Jahren ca. 1 000 Elternschaften begleiten (McGaw, 2004, zit. n. Pixa-Kettner & Sauer, 2015, S. 234). Das Modell verdeutlicht die Wechselwirkung von elterlichen Kompetenzen mit verschiedenen weiteren Faktoren (ebd., S. 235):

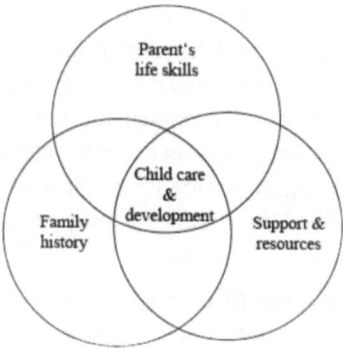

Die „Parent's life skills" (lebenspraktische Fähigkeiten) bezeichnen allgemeine, praktische Kompetenzen der Eltern, die nicht direkt mit der Versorgung des Kindes zusammenhängen. Dazu zählen unter anderem die Beherrschung von Kulturtechniken, die Einhaltung von Tagesstrukturen, soziale Kompetenzen und Sprache, ebenso lebenspraktische Kompetenzen wie Haushaltsführung und Mobilität.

Mit „Family history" sind der eigene familiäre Hintergrund und die Kindheit der Eltern gemeint. Hier stellt sich heraus, in welchem Ausmaß die Eltern in der eigenen Kindheit adäquates Elternverhalten erlebt haben und eventuell auf die eigenen Erfahrungen zurückgreifen können, beispielsweise Rituale aus der Kindheit, jüngere Geschwister, Kindheit im Heim usw.

„Support & resources" bildet die professionellen und nicht professionellen Unterstützungsangebote ab, zu denen die Eltern Zugang haben. Dies können Nachbarn, Freunde, Familienangehörige im sozialen Netzwerk und auch professionelle Dienste sein.

Der Bereich „Child care & development" stellt die Versorgung und Entwicklung des Kindes dar und bildet den Mittelpunkt. Mit diesem Überschneidungsfeld sind die Fähigkeiten und Fertigkeiten gemeint, die direkt für die Versorgung und Betreuung des Kindes und seine Entwicklung wichtig sind (ebd., S. 236).

Weisen Eltern zum Beispiel Defizite im Bereich der „life skills" auf, verfügen jedoch über zuverlässige Unterstützungspartner im Bereich „Support & resources", können sie trotzdem im Bereich „Child care & development" gute Ergebnisse zeigen, wohingegen andere Eltern mit besseren lebenspraktischen Fähigkeiten bei der Erziehung ihrer Kinder versagen können, wenn sie sozial isoliert leben oder eine zerrüttete Kindheit hatten (Pixa-Kettner, 2007, S. 8).

Aufbauend auf dem PSM wurde von McGaw und weiteren das „Parent Assessment Manual" (PAM) als sehr umfassendes und detailliertes Instrument zur Erfassung elterlicher Fähigkeiten und ihrer Unterstützungsbedürfnisse entwickelt (Pixa-Kettner & Sauer, 2015, S. 236). Durch das PAM können kleinste Ressourcen im Bereich der elterlichen Kompetenzen erfasst werden, welche McGaw als „good enough parenting" bezeichnet (ebd.).

Das PAM wird in drei Sektionen eingeteilt, bei denen die Fülle an elterlichen Verhaltensweisen beobachtet und getestet werden kann. McGaw verdeutlicht, dass subjektive Maßstäbe in die Beobachtungen einfließen können, welche jedoch durch die dazugehörigen Beurteilungskriterien minimiert werden. Das PAM soll eine klinische Einzelfallbewertung zwar nicht ersetzen, kann aber durch seine ausführlichen Ergebnisse ergänzend dazu beitragen (ebd.).

Im Folgenden wird der Aufbau des PAM zusammengefasst und stichpunktartig dargestellt (ebd., S. 237–242):

5. Elterliche Kompetenzen bei Menschen mit geistiger Behinderung

1. Abschnitt:

Initial Screening Tool

- vierseitiger Erhebungsbogen, der von einer Person ausgefüllt wird, welche die Familie gut kennt
- durch grobe Skalierung werden die wesentlichen Bereiche elterlicher Kompetenzen grob eingeschätzt (0 = Kriterium erreicht; 1 = niedrige Priorität; 2 = mittlere Priorität; 3 = hohe Priorität)
- die 34 bewerteten Kompetenzbereiche wiederholen sich im 2. Abschnitt (Anhang der Arbeit, S. 88)
- Ergebnisse und ermittelte Punktewerte daraus bilden Grundlage für weiteres Vorgehen

„I need help ..."-Form

- synchron zum Screening Tool aufgebaut, wird jedoch von Eltern beantwortet
- einfache Feststellungen, die den Eltern vorgelesen werden – diese ergänzen den Satz z.B. im Bereich Child feeding: I need help to give my child healthy meals and make sure that she eats them.

Parent Questionnaire

- Erhebungsbogen, der von Vater und Mutter getrennt erhoben wird
- Thema: Family history (siehe PSM)
- Erfahrungen, welche als Kind, Partner/Partnerin und Elternteil gemacht wurden
- angelegt als halbstrukturiertes Interview
  (Bereiche z.B.: Herkunftsfamilie, Kindheitserfahrungen, Geburtserfahrungen, Missbrauch, Zukunft usw.)

Planner

- zusammenfassender Bogen aus den Ergebnissen des *Initial-Screening-* und des *„I need help ..."*-Bogens
- Ziel: übersichtliche Darstellung des gesamten Vorgehens
- Aufgabe der Fachkraft: Vergleiche zwischen den Erhebungen ziehen und Unterschiede zur Hilfebedarfseinschätzung beachten
  → Fehleinschätzungen von Eltern und Fachkräften möglich
  Diskrepanzen nach Möglichkeit im Gespräch klären, ansonsten im 2. Abschnitt weitere Erhebungen durchführen

Equipment List

- Checkliste zur Feststellung von Gegenständen in der Familie, die zur Grundversorgung von Säuglingen und Kleinkindern vorhanden sind

2. Abschnitt:

- Kernstück des PAM
- **vertiefte Erfassung** der vorher grob erhobenen Kompetenzen
- erfasst 34 Bereiche elterlicher Kompetenzen
  (*Child Profile* 10 Bereiche; *Parent Profile* 24 Bereiche: Anhang, S. 88)
  Child Profile: elterliche Kompetenzen, die sich direkt auf Umgang mit Kind beziehen
  Parent Profile: Kompetenzen, die im PSM unter *Parent's life skills* genannt werden
- Erhebung mithilfe von komplex aufgebauten Arbeitsblättern
- Unterscheidung in drei Bereiche:

5.2 Ermittlung elterlicher Fähigkeiten und elterlicher Unterstützungsbedürfnisse

1. *Parents' Knowledge and Understanding* Wissen und Verständnis	2. *Skills* Fertigkeiten	3. *Practice* Umsetzung der Fertigkeiten in regelmäßige Praxis
– wird mithilfe von Cartoons erhoben, die problematische Situationen darstellen – 3 Fragen dazu: A. Klärung der Situation (ohne Punktebewertung) B. Warum ist es zur Situation gekommen? C. Was ist zu tun? → Bewertung zu B und C mit: – *good knowledge* – *adequate knowledge* – *poor knowledge*	– wird durch Beobachtung oder durch Fragen + Aufgaben erhoben – zu allen 34 Kompetenzbereichen sind beobachtbare Einzelfertigkeiten aufgelistet; teilweise mit Unterpunkten/ggf. Unterscheidung nach Alter – sind Fertigkeiten schwer zu beobachten: Eltern Aufgaben und Fragen vorlesen + Einsatz von Cartoons Beispiel „Wäsche waschen", Anhang: S. 91 Beispielbild „brennende Fettpfanne": Anhang, S. 91	– Schwerpunkt: Aufrechterhaltung und Generalisierung von Fertigkeiten (Routineaufgaben) – Verhalten muss regelmäßig praktiziert werden – Klärung mit Eltern, wie oft entsprechende Fertigkeiten durchgeführt werden müssen – Beobachtung über längeren Zeitraum und Beurteilung in *good; adequate* oder *poor*

Beispielbild: Anhang, S. 89
Auswertungskriterien: Anhang, S. 90

Am Ende *priority rating*: Fachkraft muss einschätzen, ob Eltern in den einzelnen Kompetenzbereichen angemessen handeln oder Unterstützung brauchen. Hier wird zwischen Unterstützungsbedarf mit schwacher, mittlerer und hoher Priorität unterschieden.

– *Summary*: Übersichtsbogen als Zusammenfassung der Ergebnisse im Abschnitt 2
  → Es werden bei keiner Familie alle Erhebungen gemacht. Die Erhebungen sind abhängig vom *Initial Screening* und dem „*I need help ...*"-Bogen, um den individuellen Unterstützungsbedarf der Familien zu ermitteln.

3. Abschnitt:

PAM Profiles

– abschließende Zusammenfassung des *Priority ratings*
– wird gemeinsam mit den Eltern erstellt
– Festlegung der Bereiche mit dringendstem Unterstützungsbedarf
– davon ausgehend: Risikoerfassung und Programmplanung

McGaw erachtet es als grundlegend, die drei Bereiche „Parents' Knowledge and Understandig", „Skills" und „Practice" zu betrachten, um das Kriterium „adequate" oder „good enough parenting" zu erreichen (ebd., S. 242). Der Bereich Wissen und Verständnis dient ihrer Ansicht nach als Basis für jegliches weitere Handeln. Treten Defizite bei der

Auffassungsgabe auf diesem Gebiet auf, entstehen Probleme bei der Ausführung weiterer elterlicher Aufgaben. Hier empfiehlt sie dringend ein „basic teaching programme" (ebd.). Weiterhin ist zu beachten, dass Eltern über eine Kombination gewisser Fertigkeiten („Skills") verfügen müssen, um eine Anforderung zu schaffen. Zum Beispiel ist ein grundlegendes Zeitverständnis für einige Haushaltsroutinen erforderlich (ebd.).

Das PAM ist ein ausführliches englisches Analyseinstrument, welches solche Fähigkeiten und Ressourcen der Menschen mit Behinderung erfasst, die eine entscheidende Bedeutung für elterliche Kompetenzen haben (ebd., S. 243). Als Stärken dieses Erhebungsverfahrens sind zum einen der Schwerpunkt der Beobachtung von Kompetenzen zu nennen und zum anderen die Fragen an die Eltern, welche in Form von einfachen Feststellungen und mithilfe von Cartoons bearbeitet werden können. Hier werden die häufig begrenzten sprachlichen Fähigkeiten der betreffenden Personengruppe berücksichtigt (Kindler, 2006, S. 207).

Als Nachteil kann die fehlende Berücksichtigung der emotionalen Aspekte, welche sich auf der Beziehungsebene abspielen, gesehen werden, weil sich diese nicht unmittelbar beobachten lassen (Pixa-Kettner & Sauer, 2015, S. 243). Dennoch betrachten Pixa-Kettner und Sauer die Methode als sinnvoll, da gewonnene Erkenntnisse des PAM dazu dienen sollen, praktische Unterstützungsmöglichkeiten und Hilfestellung für das Alltagsverhalten der Familien abzuleiten (ebd.). Bei auftretenden emotionalen Problemen sollte psychotherapeutische Hilfe ermöglicht werden, wobei Gründe für die Trennung von Eltern mit geistiger Behinderung und ihren Kindern größtenteils auf Verhaltensprobleme in Verbindung mit den elterlichen Kompetenzen zurückzuführen sind (ebd.). Das PAM ist zwar als sehr aufwendiges und komplexes Erhebungsinstrument zu sehen, ermöglicht jedoch eine sehr intensive Auseinandersetzung mit den Eltern und die detaillierte Beobachtung ihrer Kompetenzen, mit dem Ziel, dadurch ein am tatsächlichen Bedarf orientiertes Unterstützungsangebot zu gewährleisten (ebd., S. 244f.).

Aufbauend auf dem „Parental Skills Model" ist das „Parent Assessment Manual" somit eine Methode, welche erfolgreiche Elternschaft nicht als einzelne Eigenschaft, sondern als Zusammenspiel unterschiedlicher Faktoren sieht und die Gesamtsituation abzubilden versucht (ebd.).

Durch die ausführliche Analyse werden auch Faktoren in der Umwelt der zu unterstützenden Personen in den Blick genommen und Interventionsanlässe in diesem Bereich werden deutlich (ebd.). Für Fachkräfte, die nicht direkt mit dem testähnlichen Verfahren arbeiten möchten, kann dies trotzdem als Anregung dienen, um sich mit den Anforderungen an elterliche Kompetenzen und der Formulierung von Zielen für die Unterstützung der Familien auseinanderzusetzen (ebd.).

In Deutschland steht momentan noch kein derart umfangreiches und ausführliches Hilfsmittel zur Verfügung (Kindler, 2006, S. 207). Um das PAM an deutsche Gegebenheiten anzupassen, könnten Kriterien abgeändert werden (Pixa-Kettner & Sauer, 2015, S. 245). Beispielsweise sollte das Modell noch um den Faktor des „kindlichen Charakters" erweitert werden, da dieser ebenfalls als Aspekt gilt, der elterliches Handeln beeinflusst (Prangenberg, 2002, zit. n. Lenz et al., 2010, S. 102). Weiterhin wäre die Berücksichtigung der Bindung zwischen Eltern und Kind vonnöten, da eine sichere Bindung, gerade in den ersten Lebensjahren, ein bedeutendes Element für die Entwicklung des Kindes darstellt und als familiärer Schutzfaktor angesehen wird (ebd., S. 151).

Der Arbeitskreis Begleitete Elternschaft des Vereins „MOBILE – Selbstbestimmtes Leben Behinderter e.V." hat eine Arbeitshilfe erstellt, die zum Beispiel Checklisten für Fachkräfte enthält, die dazu dienen, das erste Lebensjahr und die Phase zwischen dem ersten und dem zehnten Lebensjahr einzuschätzen (Arbeitskreis Begleitete Elternschaft [ABE], 2011). Die Checklisten geben ganz konkrete Anhaltspunkte für den Unterstützungs- und Handlungsbedarf in den Familien und weisen auf bestehende Risiken für die Kinder hin. Vorteilhaft sind die prägnante und übersichtliche Darstellungsweise der Checklisten und die Berücksichtigung der emotionalen Beziehung und Entwicklung zwischen Eltern und Kind. Im Gegensatz zum „Parent Assessment Manual" sind die Checklisten der Arbeitshilfe weniger umfangreich und ausführlich, sie sind jedoch besser für den alltäglichen Einsatz geeignet, da die Inhalte sehr kompakt und übersichtlich in Tabellenform dargestellt sind. Die Checkliste für das erste Lebensjahr befindet sich im Anhang auf den Seiten 92 bis 100.

Bezüglich der elterlichen Kompetenzen kann festgehalten werden, dass Menschen mit geistiger Behinderung ebenso über entsprechende Kompetenzen verfügen beziehungsweise diese erlernen können, wie Eltern ohne Behinderung auch. Abhängig von persönlichen Einfluss- und Umweltfaktoren sowie einer ganzheitlichen Sicht der Familiensituation ist es die Aufgabe von Fachkräften der Sozialen Arbeit, herauszufinden, ob Eltern mit intellektueller Beeinträchtigung sich adäquat um die Versorgung und Entwicklung ihres Kindes kümmern können und welche Maßnahmen eventuell nötig sind, um das Wohl des Kindes sicherzustellen und Eltern in ihrem Recht auf Elternschaft zu unterstützen. Für die erfolgreiche Elternschaft von Menschen mit geistiger Behinderung sind somit nicht allein die elterlichen Kompetenzen ausschlaggebend, sondern auch die Bereitstellung und die Qualität passender Unterstützungsangebote nehmen darauf Einfluss (Bargfrede, 2015, S. 283).

Aufgrund dessen wird im nächsten Kapitel das Angebot der Begleiteten Elternschaft genauer betrachtet.

6. Begleitete Elternschaft als Unterstützungsangebot für Eltern mit geistiger Behinderung und ihre Kinder

Um Eltern mit geistiger Behinderung eine gemeinsame Lebensperspektive mit ihren Kindern zu ermöglichen, bedarf es häufig professioneller Unterstützung (ebd.). Es ist zwar zu beobachten, dass in den letzten Jahren die Unterstützungsangebote für Familien mit geistig behindertem Elternteil zugenommen haben, jedoch bestehen immer noch regionale Unterschiede (ebd., S. 299). Durch die oben genannten Veränderungen aufgrund des Bundesteilhabegesetzes und den explizit berücksichtigten Anspruch von Eltern mit Behinderung auf Assistenz zur Ausübung ihrer Elternrolle wurde die Wichtigkeit einer bedarfsgerechten Hilfe deutlich. Wie diese Hilfe ausgestaltet sein kann, wird im Folgenden am Beispiel der Begleiteten Elternschaft dargestellt.

6.1 Definition und Ziele der Begleiteten Elternschaft

Zunächst ist es wichtig, Klarheit in Bezug auf die Begriffe „Elternassistenz" und „Begleitete Elternschaft" zu schaffen, da diese je nach Behinderungsart unterschieden werden müssen.

Der Begriff der Elternassistenz bezeichnet hauptsächlich Hilfen für Familien, in denen Elternteile wegen einer Körperbehinderung die Betreuung ihres Kindes zwar selbst organisieren, diese jedoch nur mit praktischer Unterstützung umsetzen können (Bundesverband Lebenshilfe e.V., n.d., b).

Im Bereich der Begleiteten Elternschaft geht es darum, Familien zu unterstützen, in denen Eltern mit einer geistigen Behinderung Hilfe brauchen, um die Grundbedürfnisse des Kindes wahrzunehmen und diesen gerecht zu werden (ebd.).

Ziel ist es, den Familien ein Zusammenleben zu ermöglichen, welches nach Möglichkeit innerhalb der bekannten sozialen Bezüge oder an einem selbst gewählten Wohnort stattfinden kann (Lenz et al., 2010, S. 217). Die Eltern sollen in ihrer Persönlichkeitsentwicklung, in ihren Alltags- und Erziehungskompetenzen sowie in ihrer Teilhabe am Leben in der Gemeinschaft unterstützt werden, um der Familie ein eigenständiges und selbstbestimmtes Leben zu ermöglichen (Landesjugendamt Brandenburg, 2010, S. 4). Das Kindeswohl ist sicherzustellen und die Kinder sind in ihrer altersgemäßen Entwicklung zu fördern (ebd.).

Über allem steht in der Begleiteten Elternschaft immer der Schutz der Kinder (Lenz et al., S. 135). Es müssen Gefährdungen in Form von Gewalt und Vernachlässigung ausgeschlossen werden und die Sicherheit der Kinder muss oberste Priorität haben (ebd.).

Das Angebot enthält Unterstützungsmöglichkeiten für ein möglichst selbstbestimmtes Leben der Menschen mit geistiger Behinderung im Zusammenhang mit der Wahrnehmung ihrer Elternrolle. Es beinhaltet Hilfen zur Pflege, Erziehung und Versorgung des Kindes, gewährleistet somit das Recht der Eltern und Kinder und sichert das Wohl des Kindes (ebd., S. 217). Es ist anzunehmen, dass ein langfristiger Unterstützungsbedarf vorliegt und die Art und Weise der Maßnahme kontinuierlich an die Fähigkeiten der Eltern sowie an das Alter und die kindliche Entwicklung angepasst werden muss (ebd.). Eine Fremdunterbringung der Kinder soll vermieden werden, indem die Versorgungs- und Erziehungskompetenzen der Eltern gefördert oder nach Bedarf auch durch andere Leistungen ausgeglichen werden (Bargfrede, 2015, S. 290). Als oberstes Ziel ist eine gemeinsame Lebensperspektive zu sehen, die keine oder nur geringe Unterstützung nötig macht (ebd.). Wenn absehbar ist, dass dieses Ergebnis nicht erreicht werden kann, muss für Eltern und Kind eine jeweils eigene Zukunftsperspektive entwickelt sowie eine Trennung begleitet werden (ebd.). Bargfrede betont, dass „die Bereitschaft zur Zusammenarbeit der Eltern mit dem Fachpersonal, die Einsicht der Eltern in die Notwendigkeit einer aktiven Umsetzung der Hilfeplanung, eine emotionale Bindungsfähigkeit der

Eltern und ein Mindestmaß an Selbst- und Kindesversorgung [...]" gegeben sein müssen (ebd.). Des Weiteren muss eine akute Kindeswohlgefährdung ausgeschlossen werden, da sonst die Grenze dieser Betreuungsform erreicht ist und eine begleitete Trennung der Familie nötig wird (ebd.). An dieser Stelle kommt die genaue Analyse und Reflexion der elterlichen Kompetenzen und der daraus entstehenden Unterstützungsbedürfnisse zum Tragen, um ein zielgerichtetes Vorgehen in der Zusammenarbeit mit den Eltern zu entwickeln.

Bei der Begleiteten Elternschaft handelt es sich um ein Angebot, um Menschen mit geistiger Behinderung in ihrer angehenden oder bestehenden Elternrolle zu begleiten, und nicht um einen eigenständigen Leistungstyp (Kurrle & Vlasak, 2018, S. 9).

Die Unterstützungsform setzt sich in den meisten Fällen aus zwei ineinandergreifenden Leistungstypen zusammen (Blankmann, 2018, S. 10). Diese bestehen einerseits aus Leistungen der Jugendhilfe, die das Kind und seine Entwicklung im Mittelpunkt sehen, sowie andererseits aus Leistungen der Eingliederungshilfe, die den Menschen mit intellektueller Beeinträchtigung im Fokus haben (ebd.). Auf diese Aspekte wird im nächsten Schritt eingegangen.

6.2 Finanzierung und Grundlagen der Leistungserbringung

Bei dem Unterstützungsangebot der Begleiteten Elternschaft handelt es sich um flexible und verzahnte Hilfen aus den Bereichen der Kinder- und Jugendhilfe (SGB VIII) und der neu geregelten Eingliederungshilfe (SGB IX).

Vonseiten der Eltern betrifft dies Leistungen der Eingliederungshilfe. Nach § 113 Abs. 2 Nr. 2 SGB IX in Verbindung mit § 78 Abs. 3 SGB IX besteht für Eltern mit geistiger Behinderung ein Anspruch auf qualifizierte Assistenzleistungen für die Versorgung und Betreuung ihrer Kinder (vgl. Kapitel 4.1.3). Qualifizierte Assistenz wird erbracht von Fachkräften, die über eine Ausbildung im pädagogischen, psychosozialen, psychiatrischen oder therapeutischen Bereich verfügen (Boetticher, 2018, S. 166). Für eine selbstbestimmte und gleichberechtigte Lebensführung und soziale Teilhabe der Menschen mit Behinderung können beispielsweise ebenso Leistungen für Wohnraum nach § 77 SGB IX einfließen (ebd., S. 163). Um den Hilfebedarf unter Einbeziehung der Menschen mit Behinderung zu koordinieren, wird ein Gesamtplanverfahren nach § 117 SGB IX ff. durchgeführt (ebd., S. 306). Das Bundesministerium für Arbeit und Soziales stellt das Verfahren vereinfacht in vier Schritten dar, welche aus den Vorgängen der Bedarfsermittlung, der Feststellung der Leistungen, der Erstellung eines Gesamtplans und schließlich einer Teilhabezielvereinbarung bestehen (BMAS, n.d., b). Das Verfahren hat zum Ziel, dass die Träger der Eingliederungshilfe und andere beteiligte Leistungsträger gemeinsam mit den Leistungsberechtigten, gegebenenfalls auch weiteren Stellen und Personen, den individuellen Unterstützungsbedarf der Eltern ermitteln und Leistungen zur Bedarfsdeckung festlegen (ebd.). Das Gesamtplanverfahren ist Bestandteil des Teilhabeplanverfahrens nach § 19 SGB IX, mit dem Menschen mit Behinderungen „Leistungen wie aus einer Hand" gewährt und passgenaue Hilfen zur sozialen Teilhabe angeboten werden sollen (ebd.). Es wird durchgeführt, wenn Leistungen verschiedener Leistungsgruppen erforderlich sind und aufeinander abgestimmt werden müssen (Boetticher, 2018, S. 104ff.). Im Falle der Begleiteten Elternschaft ist dies nötig, da Leistungen der Eingliederungshilfe und der Jugendhilfe aufeinandertreffen. In allen Schritten ist das Wunsch- und Wahlrecht der Mütter und Väter mit Behinderung nach § 104 SGB IX zu berücksichtigen, soweit es angemessen ist (ebd., S. 281ff.).

Um das Kindeswohl zu gewährleisten und die Befriedigung der Grundbedürfnisse des Kindes sicherzustellen, sind Leistungen der Kinder- und Jugendhilfe nach SGB VIII zu erbringen. Die hauptsächlichen Aufgaben der Kinder- und Jugendhilfe bestehen darin, die Persönlichkeitsentwicklung der Kinder und Jugendlichen zu fördern, Eltern und Erziehungsberechtige bei der Erziehung zu beraten und zu unterstützen und Kinder vor Gefahren für ihr Wohl zu schützen (Lenz et al., 2010, S. 218). Wenn eine Erziehungsweise gegeben ist, die dem Wohl des Kindes nicht gerecht wird, können Hilfen zur Erziehung nach § 27 SGB VIII gewährt werden, um die Erziehungskompetenz der Eltern zu verbessern (ebd.). Die Unterstützung richtet sich nach dem individuellen Bedarf und kann aus pädagogischen und therapeutischen Hilfen bestehen (ebd.).

Weiterhin kann eine intensive Betreuung durch Sozialpädagogische Familienhilfe nach § 31 SGB VIII nötig sein. Die Sozialpädagogische Familienhilfe ist auf längere Dauer angelegt und soll helfen, Alltagsprobleme zu bewältigen, Konflikte und Krisen zu lösen sowie den Kontakt mit Ämtern und Institutionen zu unterstützen, und sie soll Hilfe zur Selbsthilfe geben (§ 31 SGB VIII). Aufgrund der Beeinträchtigung der Eltern kann der Grundsatz der Hilfe zur Selbsthilfe nur ansatzweise verfolgt werden, da die Personengruppe hier an Grenzen gerät (Lenz et al., 2010, S. 219). Laut Lenz et al. können auch andere Unterstützungsformen in Betracht gezogen werden, beispielsweise gemeinsame Wohnformen für Eltern und Kinder nach § 19 SGB VIII, der Einsatz von Familienpflege nach § 20 SGB VIII oder Tagespflege nach § 23 SGB VIII. Grundsätzlich sollten die Hilfsmöglichkeiten im Dialog zwischen Hilfeempfängern und Leistungsträgern gemeinsam festgelegt werden (ebd.). Lenz et al. weisen darauf hin, dass es durch die Schnittmenge der Bereiche Eingliederungshilfe und Jugendhilfe häufig zu Zuständigkeitsproblemen unter anderem wegen der Mischfinanzierung kommt. Es wird empfohlen, die Fachaufsicht für die kombinierte Leistung aus Eingliederungshilfe und Jugendhilfe, wie es bei der Begleiteten Elternschaft der Fall ist, beim zuständigen Jugendamt anzusiedeln, da dort die Fachkompetenz für die kindliche Entwicklung liegt (Bundesarbeitsgemeinschaft Begleitete Elternschaft [BAG], 2019, S. 4). Die Mitarbeitenden der Jugendämter sollten Fachkompetenz bezüglich der Erwachsenen mit Behinderung besitzen, und die Fachkräfte der Eingliederungshilfe sollten über Kenntnisse im Bereich des Kinderschutzes verfügen und Herausforderungen der familiären Erziehung kennen, um gute Entscheidungen für die Klienten und gemeinsam mit diesen zu treffen (ebd.).

Blankmann betont die Vielfalt der Finanzierungsmodelle und Unterstützungsmöglichkeiten für die Eltern und ihre Kinder (2018, S. 10). Da Begleitete Elternschaft ambulant, stationär oder als Kombination aus beidem erfolgen kann und die Leistungen der Jugendhilfe divers sind, weist sie darauf hin, dass das Zusammenspiel der Hilfearten am besten gelingt, wenn diese durch einen Träger und somit als „Hilfe aus einer Hand" geleistet werden. Eine personelle Trennung der Leistungserbringung helfe den Eltern sowie den Fachkräften, die Leistungen zu differenzieren. Als Beispiel für die Schnittmenge von Eingliederungs-

und Jugendhilfe nennt Blankmann den Zustand der Wohnung oder die finanzielle Situation der Familien, welche eine Rolle in der Eingliederungshilfe und in der Hilfe zur Erziehung spielen können (ebd., S. 11). Sie betont, dass die Hilfen am individuellen Bedarf und den Fähigkeiten der Eltern und Kinder ausgerichtet werden müssen. Es kann angebracht sein, zur Hilfe im Alltag (z.B. behördliche Angelegenheiten, Umgang mit Geld oder Haushaltsführung) auch psychosoziale Unterstützung der Eltern durchzuführen, um diese in ihrer Rolle zu bestärken. Ebenso nehmen Themen wie die Gesundheitssorge, berufliche Perspektiven, die Auseinandersetzung mit der Behinderung sowie Hilfe in Erziehungsfragen und die adäquate Versorgung der Kinder Raum ein (ebd.).

Da viele Bereiche des Zusammenlebens der Familien die Eltern sowie die Kinder betreffen und somit die Eingliederungshilfe und die Jugendhilfe als Kostenträger infrage kommen, wäre es wünschenswert, einen gemeinsamen Rahmen für die Familien zu erstellen, der flexible Hilfen ermöglicht (Lenz et al., 2010, S. 219). Ebenso ist es wichtig, die Kooperation der Leistungsträger zu verbessern und die Finanzierung der Hilfen dauerhaft zu gewährleisten, um die Basis für wirksame Hilfeleistungen zu sichern und den Familien eine dauerhafte Perspektive zu geben (ebd., S. 238). Die Zusammenarbeit der beiden Leistungsträger stellt ein zentrales Kriterium dar, wenn es darum geht, Entscheidungen gemeinsam mit den Familien zu treffen (Orthmann Bless & Hellfritz, 2016, S. 7). Im Sinne einer qualifizierten Hilfeplanung nach § 36 SGB VIII (ebd.) und des Teilhabeplanverfahrens (s.o.) können somit, gemeinsam mit den Klientinnen und Klienten, individuelle Leistungen bereitgestellt werden.

6.3 Inhalte und Aufgabenbereiche der Begleiteten Elternschaft

Nach Darstellung der finanziellen Aspekte und des Leistungsrahmens der Begleiteten Elternschaft geht es nun um die praktische Unterstützungsarbeit in der Begleiteten Elternschaft.

„Begleitete Elternschaft beginnt bereits beim Thema Sexualität und Kinderwunsch, wobei die Zuständigkeit für diese Themen vornehmlich in den Diensten und Institutionen der Behindertenhilfe sowie bei allgemeinen Beratungsstellen z.B. Schwangerschaftskonflikt-, Sexualitäts- und allgemeine Lebensberatung zu verankern ist" (ABE, 2011, S. 4). Es kann als Aufgabe der Begleiteten Elternschaft gesehen werden, die genannten Stellen für den Personenkreis zu sensibilisieren (ebd.). Liegen eine Schwangerschaft und die Entscheidung für ein gemeinsames Leben vor, beginnt die Arbeit der Begleiteten Elternschaft (ebd., S. 5). Während der Schwangerschaftsbegleitung und der Geburtsvorbereitung sollte die Entscheidung darüber fallen, durch welche Unterstützungsform die Familie zunächst von Beginn an begleitet werden soll (ebd.). Der Schwerpunkt der Begleiteten Elternschaft besteht darin, die Eltern und Kinder zu unterstützen, damit diese als Familie zusammenleben können (Lenz et al., 2010, S. 95). Wenn es nötig ist, müssen auch die Trennung von Eltern und Kind und eine Fremdunterbringung des Kindes begleitet werden (ebd.).

Grundsätzlich soll die Gesamtfamilie mit ihren vorhandenen Beziehungen und Strukturen nach einem systemisch-ganzheitlichen Ansatz wahrgenommen werden (Bargfrede, 2015, S. 294). Dies ist durch das „Parental Skills Model" (Kapitel 5.2) möglich. In der Begleiteten Elternschaft können verschiedene Hilfsmöglichkeiten, wie Einzelfallhilfe, Familienberatung oder Gruppenarbeit, nebeneinander oder ergänzend zueinander eingesetzt werden (Bargfrede, 2015, S. 294). Durch Begleitung, Beratung und Unterstützung soll die Beziehung zwischen Elternteilen und Kind gefördert und gefestigt werden (ebd.). Es werden Methoden wie Erklären, Demonstrieren, gemeinsames Tun sowie Gespräche angewandt. Die Versorgung und Unterstützung der Kinder durch die Eltern benötigt spezielle Begleitung und Aufmerksamkeit durch die Fachkräfte (ebd.). Diese haben die Aufgabe, die Kompetenzen der Eltern herauszufinden und mit den Bedürfnissen der Kinder abzugleichen. Daraus werden schließlich spezielle Förderangebote abgeleitet. Gemeinsam mit den Eltern müssen passende Unterstützungsformen gefunden und Zukunftsperspektiven erarbeitet werden (ebd.).

Um Perspektiven zu klären, könnte neben der Hilfeplanung und dem Teilhabeplan auch die Methode der „Persönlichen Zukunftsplanung" eingesetzt werden. Das Konzept umfasst vielfältige Planungsansätze, um mit Menschen mit Beeinträchtigung über ihre Zukunft nachzudenken; es ist an ihren Stärken orientiert und dient dazu, Zukunftsvisionen zu entwickeln, Ziele zu setzen und diese mit einem Unterstützerkreis schrittweise zu verwirklichen (Doose, 2013, S. 3). Im Mittelpunkt dieser Methode steht der Mensch mit Behinderung mit der Frage, wie er leben möchte und welche Unterstützung er für die Umsetzung benötigt (ebd., S. 4). Es geht auch um Finanzierungsmöglichkeiten und um die Verzahnung mit der individuellen Hilfeplanung (ebd., S. 9). Eine genauere Erläuterung würde jedoch an dieser Stelle den Rahmen der Arbeit überschreiten.

Der „Arbeitskreis Begleitete Elternschaft" unterscheidet aktuell zwischen drei Unterstützungsformen der Begleiteten Elternschaft (ABE, 2011, S. 5). Die Arbeitshilfe beschreibt die Form der ambulanten Hilfe, kombiniert mit Sozialpädagogischer Familienhilfe oder Hilfen zur Erziehung, welche das Ziel verfolgt, die Eltern im Rahmen ihrer Möglichkeiten zu befähigen, ihre Aufgaben und Pflichten auszuüben. Die Präventions- und Interventionsaufgaben bestehen darin, Risikofaktoren zu mindern und kindliche Entwicklung zu fördern (ebd., S. 6).

Weiterhin wird die Möglichkeit des stationären Wohnens beschrieben, die für Familien vorgehalten wird, für die im ambulanten Wohnen das Risiko einer Kindeswohlgefährdung bestehen würde. In dieser Wohnform soll die Möglichkeit des Zusammenlebens herausgefunden und eine passende Unterstützungsform für die Familien gefunden werden (ebd., S. 8).

Als dritte Form der Begleiteten Elternschaft wird die Unterbringung des Kindes in einer Pflegefamilie genannt. Unter dem Gesichtspunkt einer akuten Kindeswohlgefährdung kann eine sofortige Trennung erforderlich werden (ebd., S. 10). Im Falle einer strukturellen Kindeswohlgefährdung kann der Trennungsprozess mit den Beteiligten langsam angebahnt werden (ebd., S. 11). Hier wird die aktuelle Situation kontinuierlich mit den Eltern reflektiert und die Trennung schrittweise vollzogen. In beiden Fällen ist es von Bedeutung, dass Eltern und Kinder auch nach der Trennung in Kontakt bleiben und begleitet werden (ebd.). Dies wäre auch bei einer Unterbringung des Kindes in einer Einrichtung der Kinder- und Jugendhilfe der Fall.

Der „Arbeitskreis Begleitete Elternschaft" hat zur konkreten Feststellung des Unterstützungsbedarfs und der Risiken durch defizitäre Versorgung, zum Beispiel des Säuglings, eine sehr differenzierte Checkliste für das Säuglingsalter entwickelt. Sie lenkt den Blick auf die vielfältigen Bedürfnisse des Kindes und hilft, die Anforderungen an die Eltern einzuschätzen (ebd.). Auf der Liste werden der aktuelle Hilfebedarf und ein eventuell vorhandenes Gefährdungspotenzial deutlich. Sie kann in allen Formen der Begleiteten Elternschaft eingesetzt werden. Die Checkliste befindet sich im Anhang dieser Arbeit ab Seite 92. Die daraus gewonnenen Erkenntnisse können als Grundlage für Hilfeplangespräche, Unterstützerkreise und die Erstellung des Teilhabeplanes dienen.

Im Rahmen der Begleiteten Elternschaft findet hauptsächlich Unterstützung und Förderung der elterlichen Kompetenzen in verschiedenen Formen der Alltagsbegleitung statt (Lenz et al., 2010, S. 103).

Lenz et al. definieren folgende Aufgabenbereiche (S. 103–134):

- Alltagsmanagement
  Betrifft die alltägliche Lebensführung in den Bereichen Wohnungsangelegenheiten, Haushaltsführung, behördliche Angelegenheiten, Finanzen, Kulturtechniken und Mobilität.
  Ziel im Bereich der Haushaltsführung ist es beispielsweise, Mindestanforderungen an Ordnung und Sauberkeit zu gewährleisten. Der Unterstützungsbedarf kann hier sehr hoch sein. Die organisatorischen Fähigkeiten der Menschen mit Behinderung sind oft eingeschränkt, und es muss geplant, mitgeholfen, motiviert und angeleitet werden. Eltern sollten immer weniger Hilfe für die Tätigkeiten benötigen und mit Unterstützung Strukturen und Routinen entwickeln (S. 103f.). Durch die Inanspruchnahme weiterer Hilfen, z.B. durch eine Reinigungskraft, oder Unterstützung in finanziellen Angelegenheiten durch gesetzliche Betreuung kann für diese Aufgaben Entlastung stattfinden.

- Versorgung der Kinder
  Um das Bedürfnis nach körperlichem Schutz und nach Sicherheit zu befriedigen, muss die Pflege und Versorgung der Kinder gewährleistet sein. Eltern müssen Sicherheit im Umgang mit ihren Kindern entwickeln, und die Entwicklung und Erziehung der Kinder muss begleitet werden. In den Bereichen Ernährung, Körperpflege, Verhalten im Krankheitsfall des Kindes und Kindersicherheit (Wohnung, Aufsicht, Straßenverkehr etc.) werden Kompetenzen und Handlungsstrategien benötigt (S. 107–111).

- Förderung der kindlichen Entwicklung
  Eltern können Unterstützung und Anleitung benötigen, wenn es darum geht, sich mit ihren Kindern adäquat zu beschäftigen und den Tages- und Wochenablauf sowie die Lebensumwelt zu strukturieren. Hilfe kann nötig sein in den Bereichen: Tagesstruktur, Regeln und Grenzen, Gesundheitsfürsorge, Förderung von Entwicklungsverzögerungen, Selbstständigkeitserziehung, kindliches Spiel, altersentsprechende Freizeitgestaltung, Schulbesuch und Umgang mit Medien wie Computer und Fernsehen (S. 111–122). Gemeinsam mit den Eltern müssen Handlungsmöglichkeiten erarbeitet und gegebenenfalls zusätzliche Hilfen, zum Beispiel durch Therapeuten und den Besuch einer Kindertagesstätte, in Erwägung gezogen werden.

- Psychosoziale Begleitung der Eltern
  Unabhängig von einer Elternschaft besteht bei Menschen mit Behinderung im psychosozialen Bereich eventuell ein erhöhter Bedarf an Begleitung und Unterstützung. Hier werden Lebenssituationen und Lebensfragen thematisiert, welche folgende Bereiche betreffen: eigene Gesundheit, Freizeit und Freizeitgestaltung, Arbeit, soziale Beziehungen, Partnerschaft und Sexualität, Elternschaft und Elternrolle, Umgang mit der eigenen Behinderung, psychosoziale Notsituationen und Krisen sowie Parentifizierung. Durch Beratungs-, Entlastungs- und Reflexionsgespräche oder die Organisation von externer Unterstützung sowie Begleitung zu Terminen können die Eltern unterstützt werden. Die Stärkung des Selbstbewusstseins sollte in der Arbeit mit den Eltern eine wichtige Rolle spielen, da sie daraus Kraft und Sicherheit für ihre umfangreichen Aufgaben schöpfen.
  In Reflexionsgesprächen sollen Kompetenzen und Fähigkeiten herausgestellt werden, um die Entwicklung der Eltern voranzubringen (S. 122–134).

Die inhaltliche Bandbreite der Begleiteten Elternschaft macht deutlich, wie wichtig es ist, Ressourcen der Eltern wahrzunehmen und Kompetenzen weiterzuentwickeln, um eine langfristige Perspektive für die Familien zu schaffen. Eltern müssen frühzeitig auf ein Leben mit Kind vorbereitet werden. Die Maßnahmen der Begleiteten Elternschaft sind, neben der Förderung der elterlichen Kompetenzen, fortlaufend an die

Entwicklung der Kinder und ihre mit zunehmendem Alter wachsenden Anforderungen anzupassen. Das Wohl der Kinder steht immer an vorderster Stelle. Als Ressource bei der Begleitung der Familien ist das Netzwerk zu sehen, in dem sich die Eltern befinden. Ein gutes Netzwerk gibt den Eltern Halt, ermöglicht ihnen, Schwächen auszugleichen und auch ohne Angst Hilfen zu suchen (Prangenberg, 2015, S. 45). So können sich die Eltern auf den Weg machen, ihre elterlichen Kompetenzen zu entwickeln, und sich Fähigkeiten und Wissen für die elterlichen Aufgaben aneignen (ebd.). Aus diesem Grund wird im Folgenden auf die Arbeit mit dem Netzwerk in der Begleiteten Elternschaft eingegangen.

6.4 Netzwerkarbeit in der Begleiteten Elternschaft

Begleitete Elternschaft findet immer in einem Netzwerk statt (Nebel, 2018, S. 13f.). Der Mensch steht als soziales Wesen stets in Beziehung zu anderen Menschen und lebt in einem Netzwerk, welches als Teil eines sozialen Bezugssystems zu sehen ist. Nebel stellt fest, dass individuelle Verhaltensweisen im Kontext des sozialen Netzes zu sehen sind und durch Intervention über das Netzwerk verändert werden können. Er benutzt ein Bild zur Veranschaulichung: Ein Netz besteht aus Fäden, Knoten und Zwischenräumen, welche das Netz, im Gegensatz zu einem Gitter, in gewisser Weise anpassungsfähig und flexibel machen. Die Individuen und ihre Beziehungen zueinander formen das soziale Netz, und andererseits formen die Beziehungen zueinander die Individuen. Durch Entwicklung und Veränderung von Beziehung entsteht Dynamik und Flexibilität. Werden die Veränderungen zu groß oder die Entwicklungen zu stark, können die Fäden, die der Autor mit den Beziehungen gleichsetzt, zu schwach werden oder sogar reißen und nicht mehr tragfähig sein. In diesem Fall braucht es neben dem sozialen Geflecht ein Netz aus Fachkräften und passenden Unterstützungsangeboten, um das familiäre und soziale Netzwerk zu stärken oder neue Verbindungen aufzubauen (ebd., S. 15f.). Petra Schneider gibt zu bedenken, dass die Qualität des sozialen Netzwerkes nicht von dessen Größe abhängig ist. Es komme auf die Situation und den Zweck der Unterstützung an. Der Autorin zufolge kann durch ein zu engmaschiges Netzwerk eine starke soziale Kontrolle entstehen. Jede soziale Unterstützung kann mit Erwartungen und Gegenerwartungen verbunden sein und somit Stresselemente enthalten. Schneider nennt hier Gefühle wie Abhängigkeit, Einmischung und Kontrolle seitens der Eltern (2015, S. 255f.). Grundsätzlich haben jedoch soziale Beziehungen eine positive Auswirkung auf das Wohlbefinden und die Stressbewältigung (ebd.). Die am häufigsten auftretenden sozialen Unterstützungsleistungen sind praktische Hilfen, wie Unterstützung im Haushalt oder materielle Hilfe, Rat und Information, emotionale Unterstützung und soziales Beisammensein (ebd.).

Alle Eltern sind beim Herausbilden ihrer elterlichen Kompetenzen von sozialen Netzwerken abhängig (Pixa-Kettner & Rohmann, 2012, S. 3). Leben sie in sozialer Isolation und werden sie stigmatisiert, wie dies häufig bei Eltern mit geistiger Beeinträchtigung der Fall ist, ist die Teilhabe am gesellschaftlichen Leben eingeschränkt und es entstehen Schwierigkeiten beim Aufbau, der Pflege sowie der Nutzung von sozialen Kontakten und Angeboten (ebd.). Können Eltern mit geistiger Behinderung auf ein vorhandenes Unterstützungsnetzwerk zurückgreifen, stellt dies eine bedeutsame Ressource bei der Betreuung und Erziehung ihrer Kinder dar (Kindler, 2006, S. 212). Es konnte nachgewiesen werden, dass Gefährdungs- und Fremdunterbringungssituationen vermieden werden konnten, wenn entsprechende soziale Unterstützung und Hilfe für die Familien verfügbar ist (ebd., mit Hinweisen auf Seagull & Scheuerer, 1986; Espe-Sherwindt & Kerlin, 1990 und Thymchuk, 1992).

Die Forscherinnen Pixa-Kettner und Rohmann verweisen auf etablierte Netzwerke und Kooperationen, welche Eltern mit geistiger Behinderung und ihren Kindern soziale Anbindung, Unterstützung und eine bessere Teilhabe ermöglichen. Sie machen auf das Programm „Healthy Start" in Australien aufmerksam, welches zum Ziel hat, Eltern mit geistiger Behinderung und ihren Kindern die Möglichkeit der besseren sozialen Einbindung in die Gesellschaft zu eröffnen, indem es die Entwicklung von Elternbildungsprogrammen und -angeboten für die entsprechende Zielgruppe voranbringt und Fachkräfte dafür weiterbildet. Es kümmert sich seit einigen Jahren um Eltern ebenso wie um Kinder, wurde von der Regierung gefördert und basiert auf der Entwicklung von Partnerschaften zwischen lokalen Verwaltungen und Fachkräftenetzwerken. Ebenso existieren in den USA und in Großbritannien Unterstützungskonzepte für Eltern mit kognitiven Beeinträchtigungen und ihre Kinder. Dort werden auch Fachkräfte für die besonderen Bedürfnisse sensibilisiert, Eltern weitergebildet und Kinder behinderter Eltern zum Beispiel mit Stipendien gefördert. Die Konzepte sind aus der „Independent-Living-Bewegung" entstanden und haben ebenfalls die Verbesserung der gesellschaftlichen Rahmenbedingungen für Familien mit behinderten Elternteilen zum Ziel (2012, S. 4).

In Deutschland wurde 2002 die „Bundesarbeitsgemeinschaft Begleitete Elternschaft" (BAG) ins Leben gerufen, um Anbieter zu vernetzen und durch regelmäßigen Erfahrungsaustausch die professionelle Unterstützung von Familien in der Begleiteten Elternschaft zu verbessern und auszubauen (ebd.). Es findet eine Zusammenarbeit mit dem „Bundesverband behinderter und chronisch kranker Eltern – bbe e.V." statt, um gemeinsam die rechtlichen und politischen Rahmenbedingungen von Eltern mit Behinderung zu verbessern. In Deutschland fehlen trotzdem eine flächendeckende Versorgung und entsprechende Programme, durch die Eltern mit geistiger Behinderung adäquat in allen Teilen des Landes unterstützt werden können, obwohl die Zahl dieser Elternschaften und Projekte in den letzten Jahren gestiegen ist und immer mehr Eltern mit ihren Kindern zusammenleben (ebd., S. 5).

Es gilt zum einen, die Ressourcen aus vorhandenen familiären und sozialen Verflechtungen zu nutzen und zu stärken, sowie zum anderen, die „verzahnten Hilfen" aus Eingliederungs- und Familienhilfe für eine erfolgreiche professionelle Unterstützung aufeinander abzustimmen (Nebel, 2018, S. 13). Da die Fachkräfte der Begleiteten Elternschaft in den meisten Fällen am engsten mit den Familien zusammenarbeiten, ist es ihre Aufgabe, die vielfältigen Akteure von Beginn an zu vernetzen (ebd.). Unter der Zielsetzung von Transparenz und der Einbeziehung der Eltern geht es um die Herstellung von Kontakten wie auch um Kommunikation zwischen den professionell Helfenden (ebd.). Hier ist wieder die systemische Sicht auf die Familien und ihre Ressourcen und Problemlagen von großer Bedeutung, um die Interventionen zu koordinieren (ebd.). Durch die unterschiedlichen professionellen Helfersysteme und die vielen Personen, welche den Hilfebedarf der Familien feststellen wollen, stehen diese einer großen Zahl von Fachkräften gegenüber (Michel et al., 2017, S. 15). Gerade deswegen ist eine gute Zusammenarbeit zwischen Leistungsträgern, Leistungserbringern und Leistungsberechtigten im Sinne des BTHG wichtig, um die Familien nicht zu überfordern und „Hilfen aus einer Hand" zu ermöglichen (ebd.). Durch den Netzwerkaufbau zwischen diesen Beteiligten wird der fachliche Austausch gefördert und die Kenntnis über die Angebotsformen wird breiter (ebd., S. 10).

Die Erweiterung des persönlichen und des sozialen Lebensraumes der Eltern und Kinder hat die wichtige Funktion, nachhaltige Netzwerke zu knüpfen. Nebel schreibt der Peergroup der Eltern eine zentrale Rolle zu (2018, S. 16). Im Gruppensetting können Eltern ihre Erfahrungen und Erlebnisse mit anderen Betroffenen teilen, sich austauschen und sich gegenseitig stärken. Daraus kann ein Netzwerk entstehen, welches für Eltern und Kinder gleichermaßen gewinnbringend ist (ebd.). Als weitere Schnittstellen im Netzwerk nennt der Autor die Bereiche Arbeit und Beschäftigung, Ämter und Behörden, Beratungsstellen, Träger und Einrichtungen, Rechtsangelegenheiten, Kinder, Gesundheit, naher und auch erweiterter Sozialraum (ebd., S. 17). Begleitete Elternschaft reagiert auf eine komplexe Bedarfslage und kann durch enge Kooperation aller Akteure erfolgreiche und andauernde Effekte erreichen (ebd., S. 15). Als wesentliches Ziel der Unterstützungsform kann die Entwicklung von tragfähigen, multiprofessionellen Netzwerken gesehen werden, denen Träger der Eingliederungshilfe sowie der Jugendhilfe angehören und die im Sinne einer erfolgreichen Hilfe miteinander kooperieren (ABE, 2011, S. 11).

6.5 Anforderungen an Fachkräfte

Die Anforderungen an Fachkräfte der Begleiteten Elternschaft sind vielschichtig und komplex. Zum einen nimmt der Aufbau einer stabilen, vertrauensvollen Beziehung zu den Familien eine wichtige Rolle ein, zum anderen müssen sie über ein umfassendes Fach- und Methodenwissen verfügen (Lenz et al., 2010, S. 199). Die pädagogische Grundhaltung der Mitarbeitenden sollte gemäß der anfänglich vorgestellten Handlungsprinzipien optimistisch sein, und die Eltern mit geistiger Behinderung sollten spüren, dass ihnen trotz der Behinderung etwas zugetraut wird (ebd.). Den Menschen muss eine wertschätzende, akzeptierende Haltung entgegengebracht werden, welche von Geduld, Einfühlungsvermögen und Achtsamkeit geprägt ist (ebd., S. 201).

Ein von Akzeptanz und Respekt geprägter Umgang der Fachkräfte mit den Eltern wird als wesentliche Voraussetzung für erfolgreiche Hilfe gesehen (Pixa-Kettner & Rohmann, 2012, S. 3).

Nicht immer fußt die Unterstützungsform auf Freiwilligkeit und Motivation seitens der Eltern. Gerade deswegen sind Transparenz, Offenheit und das Investieren von Zeit in den Bindungsaufbau von Bedeutung, um eine Grundlage für gute Zusammenarbeit mit den Eltern zu haben (ebd.). Eigene Wertvorstellungen und die persönliche Haltung sind immer wieder zu reflektieren (Wilhelm, 2018, S. 30). Es gilt, neugierig und offen zu sein, Vertrauen aufzubauen und Partizipation zu fördern (ebd.). Die eigenen Erwartungen und Lebensentwürfe dürfen nicht auf die Klientinnen und Klienten übertragen werden, sondern es muss auf die Realität der Familien und ihren Entwicklungsrahmen geblickt werden (ebd.).

Um Eltern individuell zu unterstützen, müssen Kenntnisse über den Personenkreis der Menschen mit Behinderung vorhanden sein und deren Ressourcen erfasst werden können (Wilhelm, 2018, S. 27). Wissen über mögliche zusätzliche, die Menschen mit Behinderung betreffende psychosoziale Aspekte, wie Armut, Gewalt- und Missbrauchserfahrungen sowie soziale Isolation, muss präsent sein (ebd.). Blickt man auf die Kinder, sind umfassende Kenntnisse zur kindlichen Entwicklung maßgebend (ebd.). Wilhelm verweist auf Grundlagen aus der Entwicklungspsychologie, Wissen zum Thema Bindung, Lernen im sozialen Kontext, altersgemäße Förderung und Entwicklung und darüber hinaus sehr bedeutsam, die Kompetenzen im Bereich Kinderschutz und Handlungsfähigkeit im Falle von Kindeswohlgefährdung (ebd.). Die Mitarbeitenden benötigen Fachwissen aus den Bereichen Kinder- und Jugendhilfe sowie zur Eingliederungshilfe, um Strukturen, Verfahren und Aufgaben sowie rechtliche Hintergründe zu verstehen. Außerdem sollten verschiedene Fördermöglichkeiten zur Ausschöpfung sozialer Ressourcen bekannt sein (ebd.). Methodenkenntnis in der Hilfe- und Erziehungsplanung, im Bereich der Gesprächsführung, bei der Analyse und Dokumentation von Entwicklungsvorgängen und im Bereich der Qualitätsentwicklung ist ergänzend zum Fachwissen relevant (ebd.).

Fachkräfte der Begleiteten Elternschaft berichten von einer koordinativen Funktion, die ihnen im multiprofessionellen Unterstützungsnetz zuteilwird, und ihrer Rolle als Übersetzende, wenn es darum geht, Eltern Zusammenhänge zu erklären und Entscheidungen herbeizuführen (Sprung, Riesberg & Koch, 2018, S. 4). Sie berichten, dass sie sich in verschiedenen Spannungsfeldern befinden: einerseits in der Verantwortung zwischen Elternrecht und Kinderschutz, andererseits in der Situation, Entscheidungen zu verantworten, ohne der Familie die Eigenverantwortlichkeit abzunehmen. Außerdem sehen sie sich in der Position, die Sicherheit des Kindes zu gewährleisten und zugleich den Eltern genügend Raum und Zeit für Entwicklung zur Verfügung zu stellen (ebd., S. 7). Speziell bei der Verantwortung für den Kinderschutz spüren die Professionellen eine hohe Anforderung und sind teilweise auch verunsichert (ebd.). Mitarbeitende in der Begleiteten Elternschaft müssen mit Unsicherheiten und Ängsten von verschiedenen Seiten umgehen können, sei es von den beeinträchtigten Eltern, von Ärztinnen und Ärzten, von Hebammen, von der Kindertagesstätte oder vom sozialen Umfeld der Eltern. Sie sehen sich hauptsächlich für die Ängste der Eltern zuständig und begegnen diesen beispielsweise mit frühzeitigen Hilfen durch Hebammen, baldiger Zusammenarbeit mit dem Jugendamt und mit größtmöglicher Transparenz (ebd., S. 8).

Aufgrund der komplexen Anforderungen und Verantwortlichkeiten ist es von hoher Bedeutung, dass Fachkräfte regelmäßig ihre professionelle Rolle reflektieren, sich untereinander austauschen und auf ihre eigene psychische und physische Gesundheit achten. Fester Bestandteil der Begleiteten Elternschaft sollte das Angebot der regelmäßigen Supervision für die Mitarbeitenden sein (Lenz et al., 2010, S. 230). Sie sichert die Qualität der Arbeit und stellt die Arbeitszufriedenheit des Teams sicher (ebd.). „Die Supervision hat zum Ziel, die professionelle Kompetenz im Umgang mit den Kundinnen und dem beruflichen Umfeld zu verbessern, die Effektivität des eigenen professionellen Handelns zu überprüfen, die Arbeitszufriedenheit wiederherzustellen und Burn-Out-Syndrome durch die psychische Belastung im Beruf zu vermeiden" (Rappe-Giesecke, 1995, zit. n. Lenz et al., 2010, S. 230). Bei der Supervision haben Fachkräfte die Möglichkeit, ihr berufliches

Handeln umfangreich zu reflektieren, um die vielfältigen Anforderungen des beruflichen Alltags gut erfüllen zu können (ebd.). Supervision sollte als fortlaufender Prozess gestaltet sein und von einer professionell ausgebildeten und neutralen Fachkraft angeboten werden, die sich nicht im Träger- oder Unterstützernetzwerk befindet (ebd.).

Zusätzlich sind gegenseitige kollegiale Fallberatungen im Team bedeutsam, wenn es darum geht, Situationen zu besprechen und sich über Handlungsmöglichkeiten auszutauschen (ebd.). Als Ergebnis der kollegialen Fallberatung bekommt der Fallgeber neue Impulse und Sichtweisen in Bezug auf die vorgebrachte Situation. Regelmäßige Teamsitzungen, die Teilnahme an Fortbildungen und die Vernetzung in Verbänden und überregionalen Arbeitsgemeinschaften wie der „Bundesarbeitsgemeinschaft Begleitete Elternschaft" (BAG) tragen zur Handlungssicherheit der Fachkräfte bei und helfen, die Qualität und das Angebot der Begleiteten Elternschaft zu verbessern und weiter auszubauen.

Um schließlich einen Eindruck davon zu bekommen, wie sich in Deutschland die Begleitung von Eltern mit geistiger Behinderung gestaltet und wie sich in diesem Prozess die Kinder entwickeln, wird abschließend ein Einblick in eine aktuelle Studie gegeben.

7. Vorstellung der SEPIA-D-Studie zur Untersuchung der Begleitenden Elternschaft in Deutschland

Bei SEPIA-D (Studies on Parents and Parenting with Intellectual Disability) handelt es sich um eine Querschnittsstudie, welche unter der Leitung von Dagmar Orthmann Bless die Lebenssituation von geistig behinderten Eltern und ihren Kindern im Kontext der Begleiteten Elternschaft in Deutschland in den Blick nimmt (Universität Freiburg/Schweiz, n.d.). Die Untersuchung wurde im Jahr 2015 in fünf Bundesländern durchgeführt und es haben daran 157 Kinder im Alter zwischen 0 und 17 Jahren und deren 130 intellektuell beeinträchtige Elternteile teilgenommen (ebd.). Kriterien für die Teilnahme an der Stichprobe waren einerseits die Unterstützung der Mütter durch ein ambulantes oder stationäres Projekt der Bundesarbeitsgemeinschaft Begleitete Elternschaft (BAG) oder der Landesarbeitsgemeinschaft (LAG) und andererseits eine intellektuelle Beeinträchtigung (ID) nach Kriterien der „American Association on Intellectual and Developmental Disabilities" (AAIDD) (ebd.). Die Entwicklung der Kinder im genannten Altersspektrum wurde dabei besonders betrachtet, da dazu international kaum Ergebnisse vorliegen (ebd.). Weiterhin wurde der Effekt der Begleiteten Elternschaft untersucht und es wurden Hinweise für die Weiterentwicklung des Konzeptes gegeben, um dieses auch in der Schweiz zu etablieren (ebd.).

Erkenntnisse über das Zusammenspiel der beeinträchtigten Intelligenz und der Einschränkung der adaptiven Kompetenzen im Hinblick auf weitere Problemlagen wie biografische Belastungen oder familiäre Risikofaktoren zu gewinnen, war den Forscherinnen ebenfalls wichtig (Orthmann Bless & Hellfritz, 2016, S. 9). Sie betrachteten die aktuellen Lebenssituationen der Familien und zogen daraus Rückschlüsse auf die Durchführung der Begleiteten Elternschaft, indem sie auch die

Zufriedenheit der Mütter abfragten. Im Hinblick auf die Sicherstellung des Kindeswohls und die Wahrnehmung der elterlichen Rolle wurden zwei Aspekte der elterlichen Performanz näher betrachtet. Es wurde geprüft, wie die Eltern die kindlichen Grundbedürfnisse befriedigen können, und außerdem wurde die Qualität der häuslichen Umgebung und des elterlichen Verhaltens untersucht (ebd., S. 9). Die Forscherinnen ermittelten durch auftretende Entwicklungsprobleme bei den Kindern den Bedarf an fachlichen und materiellen Ressourcen für die erfolgreiche Unterstützung. Weiterhin verglichen sie die Lebensvollzüge der Familien im stationären und ambulanten Kontext (ebd., S. 10). Die Studie liefert vielschichtige Ergebnisse.

7.1 Merkmale der beteiligten Mütter

In Bezug auf die Mütter konnte festgestellt werden, dass 94,5 % von ihnen in den Intelligenzleistungen stark eingeschränkt sind, als geistig behindert gelten und auch im Bereich der adaptiven Kompetenzen sehr schwach abschneiden. Im Vergleich der Bereiche wurde deutlich, dass jedoch die Alltagskompetenzen deutlich besser ausgeprägt sind als die intellektuellen Kompetenzen. Die Forscherinnen vermuten hinter diesem Effekt den starken Fokus der Begleiteten Elternschaft auf der Förderung der adaptiven Kompetenzen, welcher auch vom selben Schwerpunkt der Schulen und Einrichtungen der Behindertenhilfe schon vorher beeinflusst sein kann. Sie nehmen an, dass durch das Vorhandensein von guten Alltagskompetenzen auch die Option der Elternschaft steigt, da sich die Frauen als alltagskompetent erleben und auch vom Umfeld so wahrgenommen werden. Andererseits wurden Mütter mit geringen Alltagskompetenzen nicht in der Studie erfasst, da sie nicht mit ihren Kindern zusammenleben und weniger durch die Begleitete Elternschaft betreut werden. Grundsätzlich halten die Forscherinnen fest, dass gut ausgeprägte adaptive Kompetenzen die Wahrscheinlichkeit erhöhen, dass beispielsweise mit Unterstützung durch Begleitete Elternschaft die Alltagsbewältigung gut gelingen und das gemeinsame Leben mit Kind, unter Sicherstellung des Kindeswohls, langfristig gesichert werden kann. Schwierigkeiten können entstehen, wenn zur geistigen Behinderung weitere Risiken wie biografische

Belastungen, familiäre und gesundheitliche Probleme hinzukommen. In Situationen, in denen Einflussmöglichkeiten bestehen, wie im Bereich der sozialen Kontakte, der Gesundheit, von Finanzen und Partnerschaften, wirkt Begleitete Elternschaft entlastend und sichert das Kindeswohl. Liegen jedoch biografische Belastungen wie beispielsweise Heimerziehung oder Missbrauchserfahrungen in der Kindheit vor, steht die Begleitete Elternschaft vor großen Herausforderungen, welchen nur mit erhöhten professionellen Ressourcen begegnet werden kann, um das Zusammenleben zu sichern. Diese Art von Belastungen gaben 43,4 % der Mütter an. Bei der körperlichen Gesundheit konnten keine wesentlichen Unterschiede zu nicht behinderten Müttern festgestellt werden, wohingegen bei ca. 20 % der Mütter psychische Beeinträchtigungen festgestellt wurden. Die Gründe dafür konnten in der Studie nicht ermittelt werden. Es wird jedoch vermutet, dass die psychischen Beeinträchtigungen mit den biografischen Belastungen zusammenhängen könnten (Orthmann Bless & Hellfritz, 2016, S. 47–49).

7.2 Leben der Familien

In vielen Fällen gelingt das langfristige gemeinsame Zusammenleben der Familien. Rund 71 % der Kinder aller Altersgruppen der Untersuchungsgruppe leben mit den Eltern beziehungsweise der Mutter zusammen. 30 Frauen gaben ein Kind in Pflege oder zur Adoption frei, da das Zusammenleben nicht gelang. Allerdings ist unklar, ob dies vor, während oder nach der Unterstützung durch die Begleitete Elternschaft geschah. Im ambulanten wie im stationären Bereich leben die Familien meistens autonom in eigenen Wohnungen und verfügen über das Sorgerecht für die Kinder, wie dies auch in der übrigen Gesellschaft üblich ist. Dies entspricht laut Orthmann Bless und Hellfritz dem Normalisierungsprinzip und unterscheidet die Hilfsform der Begleiteten Elternschaft von anderen Angeboten. Die Autorinnen loben diese Ausrichtung, da bei Eltern mit geistiger Behinderung trotzdem langfristig und dauerhaft Hilfebedarf gegeben ist. Das allgemeine Wohlbefinden der untersuchten Familien wurde als normal erhoben und Mütter betonten die Wichtigkeit des Zusammenlebens mit ihren

Kindern. Sie mussten zwar Hürden wie Wohnortwechsel und die Trennung von sozialen Kontakten – auch von der Herkunftsfamilie – bewältigen, nehmen jedoch das Angebot der Begleiteten Elternschaft als Bereicherung wahr (2016, S. 49f.).

7.3 Elterliche Kompetenzen

Durch Begleitete Elternschaft sollen Eltern mit geistiger Behinderung bei der Ausübung ihrer Rechte und Pflichten so unterstützt werden, dass sich Kinder unter Beachtung ihres Wohls gut entwickeln können. Aus der SEPIA-D-Studie geht die Erkenntnis hervor, dass es Eltern mit kognitiver Beeinträchtigung durch die entsprechende Unterstützung gut gelingt, kindliche Bedürfnisse zu erkennen und darauf zu reagieren. Nur in Ausnahmefällen traten Schwierigkeiten auf, und somit kann das Kindeswohl durch die Begleitete Elternschaft als gesichert gelten. Die Qualität des häuslichen Umfeldes betreffend, konnten alle Eltern der 0- bis 3-jährigen Kinder den normgerechten Rollenanforderungen gerecht werden. Probleme wurden jedoch mit zunehmendem Alter der Kinder festgestellt. Einige Anforderungen, wie ein sicheres Wohnumfeld oder die Akzeptanz des kindlichen Verhaltens, konnten hier auch mit entsprechender Unterstützung normgerecht erfüllt werden. Schwierigkeiten bereiteten in diesem Fall jedoch die gestiegenen kognitiven und sprachlichen Anforderungen an die Eltern. Die Entwicklungsförderung und -unterstützung wurde mit zunehmendem Alter der Kinder nicht mehr als ausreichend wahrgenommen. Es fehlten sprachliche Anregung, Abwechslung in der altersgemäßen Tagesgestaltung, Unternehmungen zur Entwicklungsanregung und erweiterte soziale Kontakte. Besonders ab dem mittleren Schulalter und für Jugendliche stellen die geistig behinderten Eltern kaum adäquate Rollenvorbilder dar, und sie haben Schwierigkeiten, die Auseinandersetzung mit der Welt und die Unabhängigkeit ihrer Kinder zu fördern. Die Anforderungen an die Elternrolle werden zunehmend komplexer und auch das Unterstützungssystem um die Eltern kann an Grenzen geraten. Ein weiterer Ausbau der elterlichen Kompetenzen, um den Kindern und Jugendlichen gerecht zu werden, ist wegen der vorliegenden geistigen Behinderung unter Umständen nicht möglich. Die Autorinnen schlagen hier eine gezielte, ausgleichende Entwicklungsförderung der Kinder vor (Orthmann Bless & Hellfritz, 2016, S. 50f.).

7.4 Kindliche Entwicklung

Orthmann Bless und Hellfritz untersuchten diesbezüglich die Ressourcen in den Bereichen Betreuung, Bildung und Förderung, die den Kindern zur Verfügung stehen. Väter sind nur bei ca. 40 % der Untersuchungsgruppe an der Betreuung der Kinder beteiligt und die Aufgaben werden hauptsächlich von den Müttern mit Unterstützung durch Fachkräfte übernommen. Private Unterstützung durch Familienangehörige oder allgemeine soziale Kontakte konnten generell nur in sehr geringem Ausmaß festgestellt werden. Dies macht die Fachkräfte der Begleiteten Elternschaft zu zentralen Personen bei der kindlichen Entwicklung. Es wurde beobachtet, dass die Kinder den Kontakt zu den Mitarbeitenden der Begleiteten Elternschaft sehr genossen. Das Zusammenwirken der elterlichen Beeinträchtigung mit den Anforderungen an die Entwicklungsgestaltung der Kinder und die fehlenden sozialen Kontakte der Familien lässt einen Mangel an Anreizen bei den Kindern erkennen. Zusätzliche Förderung durch Frühförderung, Logopädie, Ergo- oder Physiotherapie konnte bei rund 57 % der Kinder ermittelt werden. Bei einer hohen Zahl von ca. 62 % der Kinder konnten weder Körper-, Sinnes- noch Verhaltensbeeinträchtigungen nachgewiesen werden. Bei ca. 17 % der Kinder wurden Verhaltensauffälligkeiten festgestellt und bei ca. 14 % Verzögerungen in der Sprachentwicklung. Die kognitiven Fähigkeiten lagen bei ca. 19 % der Kinder im normalen Bereich, wobei etwa 40 % kognitive Fähigkeiten im Bereich der Lernbehinderung aufwiesen und 41 % der Kinder Werte im Bereich der geistigen Behinderung zeigten. Die kognitiven Fähigkeiten der Kinder lagen über den Fähigkeiten der Mütter. Die Forscherinnen sehen eine positive Ausgangslage zur kognitiven Förderung der Kinder. Sie untersuchten auch bei den Kindern die adaptiven Kompetenzen, mit dem Ergebnis, dass 27 % im Normbereich liegen, bei 23 % leichte Abweichungen im Bereich Lernbehinderung auftraten und bei 50 % Werte für die Alltagskompetenzen im Bereich der geistigen Behinderung lagen. In diesem Bereich fallen Orthmann Bless und Hellfritz besondere Unterschiede in den Altersbereichen auf. Wo bei den Kleinkindern nur eine Normabweichung von 28 % vorlag, zeigte sich bei den Vorschulkindern eine Abweichung von ca. 66 %. Die Autorinnen verweisen auf die Tatsache, dass bei den Müttern die adaptiven Kompetenzen deutlich über den kognitiven Fähigkeiten liegen, und leiten daraus ab, dass durch stabile und intensive Förderung der adaptiven Kompetenzen der Kinder ein normaler Zustand für das Erwachsenenalter erreicht werden kann, da die Kinder über eine günstigere intellektuelle Ausgangslage verfügen (2016, S. 51f.).

7.5 Vergleich der Lebenssituationen in den Unterstützungsformen

Da Begleitete Elternschaft hauptsächlich als ambulante oder stationäre Hilfe angeboten wird, wurden in der Forschungsarbeit die Lebensumstände der Familien in diesen beiden Strukturen nebeneinander betrachtet. Die Forscherinnen stellten einen großen Unterschied beim Alter der Kinder in den jeweiligen Unterstützungsformen fest. In den stationären Angeboten beträgt das durchschnittliche Alter der Kinder knapp über 3 Jahre, wohingegen das Durchschnittalter der Kinder in den ambulant unterstützten Familien fast 6 Jahre beträgt. Ein Unterschied beim Alter der Mütter und der Kinderzahl konnte nicht festgestellt werden. Bei den Müttern aus beiden Hilfsarten unterscheiden sich weder die kognitiven Fähigkeiten, die adaptiven Kompetenzen noch der Grad der Behinderung. Auch beim Wohlbefinden und beim selbst wahrgenommenen Gesundheitszustand der Mütter sind keine Unterschiede zu erkennen. In beiden Hilfekontexten schaffen es die Mütter gleichermaßen gut, den kindlichen Bedürfnissen in zufriedenstellender Art und Weise gerecht zu werden und mit Unterstützung eine gute häusliche Qualität aufrechtzuerhalten. Eine Entscheidung darüber, ob die Familien im ambulanten oder im stationären Kontext betreut werden, hängt von den grundsätzlichen Kompetenzen der Mütter und ihrem Hilfebedarf ab. Die Autorinnen schließen aufgrund der Altersstruktur der Kinder auf die Strategie, Familien zunächst im stationären Kontext zu betreuen, um die Unterstützung bei entsprechender Entwicklung zu reduzieren und in ein ambulantes Setting zu überführen (Orthmann Bless & Hellfritz, 2016, S. 53).

Orthmann Bless und Hellfritz legen den Ergebnissen der Forschungsarbeit zunächst Empfehlungen für die strukturelle Weiterentwicklung der Begleiteten Elternschaft zugrunde. Aus der Studie geht hervor, dass ein Bedarf an professioneller Begleitung aufgrund der regelmäßig vorkommenden Elternschaft bei Menschen mit geistiger Behinderung besteht. Es wurden Bundesländer wie Berlin und Brandenburg mit bestausgebauten Strukturen in diesem Bereich in der Studie berücksichtigt. Die Autorinnen vermuten auch einen Bedarf in Bundesländern, die noch nicht über ein umfangreich ausgebautes Unterstützungsnetz verfügen. Sie plädieren dafür, Versorgungslücken in diesem Bereich zu schließen und Unterschiede zwischen und in den Bundesländern zu beseitigen. Es sollten wohnortnahe Angebote geschaffen werden, um dem Normalisierungsprinzip zu entsprechen und den Menschen die Möglichkeit zu geben, ihr soziales Netzwerk vor Ort zu behalten und weiter auszubauen, da die Familien häufig ohnehin nur über ein kleines soziales Netzwerk verfügen und Schwierigkeiten beim Aufbau neuer Kontakte haben. Der langfristige Verbleib in der gewohnten Umgebung würde die Lebenszufriedenheit der Familien steigern und ihnen Sicherheit geben.

Die Forscherinnen gehen aufgrund der Behinderung von einem dauerhaften Unterstützungsbedarf der Familien aus. Das Angebot der ambulanten und der stationären Unterstützung sollte beibehalten werden, um auf die individuellen Bedürfnisse der Familien reagieren zu können und nach Möglichkeit auch Wahlfreiheit zu ermöglichen. Die Forscherinnen empfehlen gezielte, konzeptionelle Überlegungen zu den Angebotsformen, damit verbindliche Richtlinien und Kriterien erarbeitet werden können (2016, S. 54f.).

Zur inhaltlichen Ausgestaltung betonen die beiden Forscherinnen, dass ein Zusammenleben der Familien unter Berücksichtigung des Kindeswohls erfolgreich stattfinden kann. Kinder entwickeln sich durch das Zusammenspiel von Anlage- und Umweltfaktoren grundsätzlich sehr verschieden. Die Autorinnen unterstreichen wiederholt, dass die kindliche Entwicklung keineswegs ausschließlich an der Wirksamkeit der Begleiteten Elternschaft gemessen werden darf. Es können nicht alle Besonderheiten der Kinder durch Interventionen ausgeglichen werden. Aufbauend auf den kognitiven Kompetenzen der Kinder sollten Förderangebote gestaltet werden. Orthmann Bless und Hellfritz regen an, die Entwicklung der Kinder kompensatorisch zu unterstützen, indem die speziellen Fachkräfte gezielte Angebote übernehmen, welche Eltern nicht ausführen können. Dies kann beispielsweise durch Vorlesen zur Anregung der sprachlichen Entwicklung geschehen oder durch die Übernahme von bildungsnahen Aktivitäten wie dem Besuch der Bibliothek oder von Museen. Fachkräfte sollten das Bildungsinteresse der Kinder und Jugendlichen wecken und fördern. Jugendliche sollten von den Mitarbeitenden in ihrer Selbstverantwortung gefördert und bei altersentsprechenden Fragen unterstützt werden, da die Eltern dazu nur sehr eingeschränkt in der Lage sind. Den Familien sollte verstärkt von den Fachkräften geholfen werden, soziale Netzwerke aufzubauen und wohnortnahe Kontakte wie Kinderangebote in Vereinen, Kirchengemeinden etc. zu erleben.

Gerade die betroffenen Kinder benötigen Kontakte zu Gleichaltrigen, um sich andere Lebenswelten zu erschließen und andere Rollenvorbilder sowie weitere Familien und deren Regeln kennenzulernen (2016, S. 55f.).

8. Zusammenfassung und Ausblick

Zu Beginn der Arbeit fand eine Betrachtung des Behinderungsbegriffs statt. Es wurde ein Perspektivwechsel deutlich, der das Verständnis von Behinderung grundlegend verändert hat. Mittlerweile geht man nicht mehr von einer rein defizitär geprägten Sicht aus, sondern sieht den Menschen mit Behinderung in Wechselwirkung mit seinen Kontextfaktoren, auf die besonders die Soziale Arbeit Einfluss nehmen kann, um die Teilhabe von Menschen mit Behinderung zu verbessern. Gerade Menschen mit Behinderung selbst verlangen nach alternativen Bezeichnungen wie beispielsweise „Mensch mit Lernschwierigkeit", um die Defizitbezogenheit und Stigmatisierungswirkung abzuschaffen. Dennoch gibt es zum Begriff „geistige Behinderung" in der Fachsprache noch keine allgemeingültige Alternative.

Die Handlungsprinzipien in der Arbeit mit Menschen mit Behinderung haben sich ebenfalls in den letzten Jahren verändert und weiterentwickelt. Durch den Impuls des Normalisierungsprinzips und die Grundsätze der Selbstbestimmung und Teilhabe haben sich für den Personenkreis viele Fortschritte ergeben. In Bezug auf Elternschaften von Menschen mit geistiger Behinderung befindet sich vieles noch in der Entstehung. Es werden zwar zunehmend mehr Menschen mit geistiger Behinderung Eltern, jedoch ist es noch nicht als Selbstverständlichkeit anzusehen, dass diese Familien unter bestimmten Voraussetzungen selbstbestimmt in ihrem gewohnten Umfeld zusammenleben können. Dies scheitert unter anderem häufig an nicht vorhandenen oder schlecht ausgebauten individuellen Hilfestrukturen. Durch das Bundesteilhabegesetz konnte für Eltern mit Behinderung zumindest die Teilhabe im rechtlichen Sinne verbessert werden, indem der Anspruch auf Assistenz zur Betreuung und Versorgung ihrer Kinder aufgenommen wurde. Davon ausgehend ist eine Zunahme an Angeboten für Familien mit behindertem Elternteil zu erwarten.

8. Zusammenfassung und Ausblick

Im Kapitel „Zwischen Elternrecht und Kindeswohl" wurde deutlich, dass sich Familien mit geistig behindertem Elternteil in einem Spannungsfeld befinden. Einerseits haben auch Menschen mit geistiger Behinderung das Recht, Kinder zu bekommen, sowie einen Anspruch, dabei durch verschiedene Hilfen im Zusammenleben unterstützt zu werden. Andererseits muss jeweils unter Berücksichtigung des Kindeswohls eingeschätzt werden, ob sich diese Eltern mit Unterstützung adäquat um ihre Kinder kümmern können. Sie müssen in der Lage sein, die kindlichen Grundbedürfnisse zu erfüllen und ihrem Erziehungsauftrag gerecht zu werden; auch dürfen die Kinder keinen Gefahren ausgesetzt sein. In der Einschätzung des Kindeswohls nehmen die Fachkräfte eine verantwortungsvolle Rolle ein und müssen verschiedenste Faktoren berücksichtigen. Es stellte sich zwar heraus, dass eine Behinderung der Eltern als Risikofaktor in der kindlichen Entwicklung zu sehen ist, jedoch besteht durch entsprechende Unterstützung und Förderung der kindlichen Ressourcen die Möglichkeit, dieses Entwicklungsrisiko zu kompensieren.

Um die Chancen für ein gemeinsames Zusammenleben zu beurteilen und die entsprechenden Unterstützungsangebote dafür bereitzustellen, müssen Fachkräfte in der Lage sein, die elterlichen Kompetenzen einzuschätzen und diese individuell zu fördern. Im entsprechenden Kapitel wurde deutlich, dass auch Menschen mit geistiger Behinderung über elterliche Kompetenzen verfügen beziehungsweise diese erlernen können. Es konnte weiterhin geklärt werden, dass elterliche Kompetenzen in Wechselwirkung mit sozialen und gesellschaftlichen Gegebenheiten zu sehen sind und somit ganzheitlich betrachtet werden müssen, was im vorgestellten Modell deutlich wurde. Das „Parent Assessment Manual" zeigt, wie komplex elterliche Kompetenzen zu erfassen sind und in welchen Bereichen die Familien passende Unterstützungsangebote benötigen.

In Bezug auf die erste Forschungsfrage kann somit festgehalten werden, dass elterliche Kompetenzen und elterliches Handeln von verschiedenen Faktoren abhängig sind. Sie müssen global betrachtet werden, somit sind auch die Biografie, die verschiedenen Unterstützungsmöglichkeiten und die Eigenschaften des Kindes zu berücksichtigen. Die Eltern sollten mit der notwendigen professionellen Begleitung in der Lage sein, ihre Kinder zu versorgen und deren positive Entwicklung zu gewährleisten. Die Kompetenzen müssen so ausgeprägt sein, dass das Kindeswohl nicht gefährdet wird.

Am Beispiel der Begleiteten Elternschaft ist zu sehen, wie umfangreich und vielfältig die Arbeit mit den Eltern mit geistiger Behinderung und ihren Kindern ist. Das Angebot sichert das Zusammenleben der Familien unter Berücksichtigung des Kindeswohls und begleitet, wenn nötig, auch Trennungen. Die Zusammenarbeit der beiden Hilfesysteme führt im Fall der Begleiteten Elternschaft häufig zu Zuständigkeitsproblemen, welche in Zukunft einheitlicher gelöst werden müssen. Die Fachkräfte spielen bei der Begleiteten Elternschaft eine sehr bedeutende Rolle, wenn es darum geht, Elternrechte umzusetzen, verschiedene Netzwerke aufzubauen und an oberster Stelle das Kindeswohl zu sichern. Ich sehe es als große Verantwortung für Fachkräfte in der Sozialen Arbeit, Grenzen bei der Unterstützung der Eltern zu erkennen, zu akzeptieren und Trennungen der Familien zu begleiten. Sinnvoll erscheint deshalb der Einsatz von multiprofessionellen Teams sowie die regelmäßige Reflexion der Arbeit, um den komplexen Anforderungen gerecht zu werden und langfristige, zielgerichtete Maßnahmen sicherzustellen.

Anhand der SEPIA-D-Studie kann die zweite Forschungsfrage beantwortet werden. Die Studie liefert Erkenntnisse dazu, dass durch die Unterstützung der Begleiteten Elternschaft ein Zusammenleben der Familien unter Sicherstellung des Kindeswohls gelingen kann. Es fehlt jedoch, im Sinne der Inklusion, an wohnortnahen Angeboten für alle Menschen mit Behinderung in Deutschland. Die Verfügbarkeit muss weiter ausgebaut und somit ein Verbleib der Menschen mit Behinderung im gewohnten Umfeld sichergestellt werden. Für die Zukunft ist es ebenfalls wichtig, klare Regelungen in Finanzierungsfragen und Zuständigkeiten zu treffen und die langfristige Versorgung der Familien zu sichern.

Um die Weiterentwicklung der Angebotsstruktur zu gewährleisten, sollten Fachkräfte und Träger für diesen Bereich sensibilisiert und qualifiziert sowie Netzwerke zum Austausch weiter ausgebaut werden. Die schon genannte Bundesarbeitsgemeinschaft Begleitete Elternschaft wäre dafür ein guter Ausgangspunkt, da dort bereits eine große Zahl an Einrichtungen, Trägern und Projekten zusammengeschlossen sind.

8. Zusammenfassung und Ausblick

Zum Beispiel von diesem Netzwerk ausgehend, welches aus verschiedenen Akteuren der Sozialen Arbeit besteht, könnte eine Sensibilisierung auf politischer Ebene angestoßen werden, um die Notwendigkeit einer besser ausgebauten Versorgungsstruktur deutlich zu machen.

Eine Frage zukünftiger Forschung könnte es sein, inwieweit der Bedarf an Unterstützung durch den relativ neuen Rechtsanspruch auf Elternassistenz gestiegen ist und ob die Angebotsstruktur dadurch ausgeweitet wurde.

Vom Verein „MOBILE – Selbstbestimmtes Leben Behinderter e.V." wurde in Zusammenarbeit mit dem Zentrum für Planung und Evaluation der Universität Siegen in einem Modellprojekt in Nordrhein-Westfalen ein Rahmenkonzept zur Begleiteten Elternschaft entwickelt (MOBILE Selbstbestimmtes Leben Behinderter e.V., n.d.). Das Projekt hat 2018 begonnen und dauerte bis Ende des Jahres 2020 (ebd.). Es wurden Leitlinien erarbeitet, Mustervereinbarungen zur Finanzierung ausgearbeitet, Möglichkeiten zur Qualifizierung für Fachkräfte entwickelt und Materialien in leicht verständlicher Sprache erstellt (ebd.). Neben wissenschaftlichen Mitarbeitenden waren am Projekt Menschen mit Behinderung und deren Kinder, Fachkräfte sowie Träger aus dem Bereich der Begleiteten Elternschaft eingebunden (ebd.). Die Projektergebnisse wurden veröffentlicht im „Informationsportal Begleitete Elternschaft NRW" (MOBILE – Selbstbestimmtes Leben Behinderter e.V., 2021).

Ausgehend von diesem Modellprojekt wären bundesweite Weiterentwicklungen und Verbesserungen in der Angebotsstruktur für Menschen mit geistiger Behinderung und ihre Kinder wünschenswert.

Literaturverzeichnis

Arbeitskreis Begleitete Elternschaft [ABE] (2011): *Begleitete Elternschaft in Dortmund. Arbeitshilfen.* (2., überarb. Aufl.) https://www.mobile-dortmund.de/files/arbeitshilfe_begleitete_elternschaft.pdf (abgerufen am 03.02.2020).

Bargfrede, Stefanie (2015): Unterstützungsmöglichkeiten für Eltern mit geistiger Behinderung in Deutschland. In: Ursula Pixa-Kettner (Hrsg.): *Tabu oder Normalität? Eltern mit geistiger Behinderung und ihre Kinder* (S. 283–299). Heidelberg: Winter.

Beyer, Thomas (2017): *Recht für die Soziale Arbeit.* Baden-Baden: Nomos.

Blankmann, Bettina (2018): Was ist eigentlich Begleitete Elternschaft? In: Der Paritätische Wohlfahrtsverband, LV Berlin e.V. (Hrsg.): *Begleitete Elternschaft – kombinierte Hilfen als Balanceakt. Grundlagen, Erfahrungen, Perspektiven* (S. 10–12). https://paritaetisches-jugendhilfeforum.de/fileadmin/user_uplo ad/BegleiteteElternschaft_Mai_2018_final.pdf (abgerufen am 14.02.2020).

Böckenhoff, Anke (2017): Weltgesundheitsorganisation. In: Deutscher Verein für öffentliche und private Fürsorge e.V. (Hrsg.): *Fachlexikon der Sozialen Arbeit* (8., völl. überarb. u. aktual. Aufl., S. 979). Baden-Baden: Nomos.

Boetticher, Arne (2018): *Das neue Teilhaberecht.* Baden-Baden: Nomos.

Bundesarbeitsgemeinschaft Begleitete Elternschaft [BAG] (2019): *Stellungnahme zur Auslegung des BTHG im Hinblick auf Begleitete Elternschaft und Elternassistenz.* https://www.behinderte-eltern.de/pdf/Stellungnahme_BTHG_Elternschaf t_final.pdf (abgerufen am 04.01.2020).

Bundesministerium für Arbeit und Soziales [BMAS] (n.d.) (a): *Inklusion. In welchem Zusammenhang steht das BTHG zur UN-Behindertenrechtskonvention?* https://www.bmas.de/DE/Schwerpunkte/Inklusion/Fragen-und-Antworte n/in-welchem-zusammenhang-zu-un-behindertenrechtskonvention.html (abgerufen am 20.02.2020).

Bundesministerium für Arbeit und Soziales [BMAS] (n.d.) (b): *Inklusion. Wie sieht das Gesamtplanverfahren konkret aus?* https://www.bmas.de/DE/Schwerpunkte /Inklusion/Fragen-und-Antworten/in-welchem-zusammenhang-zu-un-behind ertenrechtskonvention.html (abgerufen am 20.02.2020).

Bundesministerium für Familie, Senioren, Frauen und Jugend [BMFSFJ] (2019): *Kinderrechte ins Grundgesetz.* https://www.bmfsfj.de/bmfsfj/themen/kinder-u nd-jugend/kinderrechte/kinderrechte-ins-grundgesetz/115436 (abgerufen am 13.04.2020).

Bundesvereinigung Lebenshilfe e.V. (n.d.) (a): *Neuer Name – neues Erscheinungsbild.* http://www.50-jahre.lebenshilfe.de/50_jahre_lebenshilfe/1990er/90_3.php?listLink=1 (abgerufen am 20.01.2020).

Bundesvereinigung Lebenshilfe e.V. (n.d.) (b): *Unterstützung für Eltern mit Beeinträchtigung.* https://www.lebenshilfe.de/informieren/familie/unterstuetzung-fuer-eltern-mit-beeintraechtigung/ (abgerufen am 03.04.2020).

Dahm, Sabine & Kestel, Oliver (2012): *Juristische Aspekte der sexuellen Selbstbestimmung von Menschen mit (geistiger) Behinderung im Hinblick auf sexualpädagogische Begleitung sowie die Elternschaft von Menschen mit (geistiger) Behinderung.* https://www.profamilia.de/fileadmin/landesverband/lv_hessen/Kestel_Dahm_Juristische_Aspekte_der_sexuellen_Selbstbestimmung__Pro_Familia_23_09_2012.pdf (abgerufen am 29.02.2020).

Dettenborn, Harry (2010): *Kindeswohl und Kindeswille. Psychologische und rechtliche Aspekte* (3., überarb. Aufl.). München: Reinhardt.

Deutsches Institut für Medizinische Dokumentation und Information [DIMDI] (2005): *Internationale Klassifikation der Funktionsfähigkeit, Behinderung und Gesundheit, ICF* (Stand Oktober 2005). World Health Organization: Genf. https://www.dimdi.de/dynamic/de/klassifikationen/downloads/?dir=icf (abgerufen am 27.01.2020).

Deutsches Institut für Menschenrechte e.V. [DIMR] (n.d.): *Die Monitoring-Stelle UN-Behindertenrechtskonvention.* https://www.institut-fuer-menschenrechte.de/monitoring-stelle-un-brk/ueber-uns/ (abgerufen am 29.02.2020).

Deutsches Institut für Menschenrechte e.V. [DIMR] (2015): *Ausschuss für die Rechte von Menschen mit Behinderungen. Dreizehnte Tagung.* https://www.institut-fuer-menschenrechte.de/fileadmin/user_upload/PDF-Dateien/UN-Dokumente/CRPD_Abschliessende_Bemerkungen_ueber_den_ersten_Staatenbericht_Deutschlands.pdf (abgerufen am 29.02.2020).

Doose, Stefan (2013): *„I want my dream!" Persönliche Zukunftsplanung. Neue Perspektiven und Methoden einer personenzentrierten Planung mit Menschen mit und ohne Beeinträchtigungen* (10., aktual. Aufl.). Neu-Ulm: AG SPAK Bücher.

Düber, Miriam & Remhof Constance (2018): *Ergebnisse der Gruppendiskussionen. Das Wichtigste in Kürze! Bericht im Rahmen des Modellprojektes „Entwicklung von Leitlinien zu Qualitätsmerkmalen Begleiteter Elternschaft in Nordrhein-Westfalen",* hrsg. von MOBILE Selbstbestimmtes Leben Behinderter e.V. https://www.mobile-dortmund.de/files/auswertung_gruppendiskussionen_in_kurzform.pdf (abgerufen am 12.04.2020).

Gröschke, Dieter (2013): Normalisierung, Normalisierungsprinzip. In: Georg Theunissen; Wolfram Kulig & Kerstin Schirbort (Hrsg.): *Handlexikon Geistige Behinderung. Schlüsselbegriffe aus der Heil- und Sonderpädagogik, Sozialen Arbeit, Medizin, Psychologie, Soziologie und Sozialpolitik* (2., überarb. u. erw. Aufl., S. 256f.). Stuttgart: Kohlhammer.

Hähner, Ulrich (2016): Sexualität selbstbestimmt leben. In: Bundesvereinigung Lebenshilfe e.V. (Hrsg.): *Vom Betreuer zum Begleiter. Eine Handreichung zur Leitidee der Selbstbestimmung* (S. 211–234). Marburg: Lebenshilfe-Verlag.

Hermes, Gisela (2015): Mehrdimensionale Diskriminierung. In: Theresia Degener & Elke Diehl (Hrsg.): *Handbuch Behindertenrechtskonvention. Teilhabe als Menschenrecht – Inklusion als gesellschaftliche Aufgabe* (S. 253–268). Frankfurt am Main: Zarbock.

Institut für angewandte Sozialwissenschaft [IfaS] an der Dualen Hochschule Stuttgart, Fakultät Sozialwesen (n.d.): *Paradigmenwechsel Behindertenhilfe – Inklumat.* https://www.inklumat.de/glossar/paradigmenwechsel-behindertenhilfe (abgerufen am 25.02.2020).

Kindler, Heinz (2006): Was ist über den Zusammenhang zwischen intellektuellen Einschränkungen der Eltern und der Entwicklung von Kindern bekannt? In: Heinz Kindler; Susanna Lillig; Herbert Blüml; Thomas Meysen & Annegret Werner (Hrsg.): *Handbuch Kindeswohlgefährdung nach § 1666 BGB und Allgemeiner Sozialer Dienst (ASD)* (S. 205–213). München: Deutsches Jugendinstitut.

Knospe, Ulrich & Papadopoulos, Christian (2015): Die Verantwortlichkeit der staatlichen Anlaufstelle (Focal Point). In: Theresia Degener & Elke Diehl (Hrsg.): *Handbuch Behindertenrechtskonvention. Teilhabe als Menschenrecht – Inklusion als gesellschaftliche Aufgabe* (S. 77–84). Frankfurt am Main: Zarbock.

Kurrle, Markus & Vlasak, Annette (2018): Begleitete Elternschaft – Herkunft... In: Der Paritätische Wohlfahrtsverband, LV Berlin e.V. (Hrsg.): *Begleitete Elternschaft – kombinierte Hilfen als Balanceakt. Grundlagen, Erfahrungen, Perspektiven* (S. 6–9). https://paritaetisches-jugendhilfeforum.de/fileadmin/user_upload/BegleiteteElternschaft_Mai_2018_final.pdf (abgerufen am 14.02.2020).

Landesjugendamt Brandenburg (2010): *Begleitete Elternschaft – Assistenz für Eltern mit geistiger Behinderung. Beratungsgrundlage zur Erteilung der Betriebserlaubnis sowie zu schwierigen Einzelfällen.* https://mbjs.brandenburg.de/media_fast/6288/beratungsgrundlage.lja.begleitete_elternschaft.endfassung.-205.pdf (abgerufen am 10.02.2020).

Lenz, Albert; Riesberg, Ulla; Rothenberg, Birgit & Sprung, Christiane (2010): *Familie leben trotz intellektueller Beeinträchtigung. Begleitete Elternschaft in der Praxis.* Freiburg im Breisgau: Lambertus.

Lingg, Verena (2017): Kinderrechte. In: Deutscher Verein für öffentliche und private Fürsorge e.V. (Hrsg.): *Fachlexikon der Sozialen Arbeit* (8., völl. überarb. u. aktual. Aufl., S. 489f.). Baden-Baden: Nomos.

Maywald, Jörg (2012): *Kinder haben Rechte! Kinderrechte kennen – umsetzen – wahren.* Weinheim u.a.: Beltz.

Michel, Marion; Conrad, Ines; Müller, Martina & Plantenburg, Birte (2017): *Unterstützte Elternschaft – Angebote für behinderte und chronisch kranke Eltern – Analyse zur Umsetzung des Artikels 23 der UN-BRK. Abschlussbericht.* https://www.behinderte-eltern.de/pdf/Abschlussbericht_BMAS_final.pdf (abgerufen am 17.03.2020).

Literaturverzeichnis

MOBILE – Selbstbestimmtes Leben Behinderter e.V. (n.d.): *Modellprojekt „Entwicklung von Leitlinien zu Qualitätsmerkmalen Begleiteter Elternschaft in Nordrhein-Westfalen"*. https://www.mobile-dortmund.de/141-0-Modellprojekt-Begleitete-Elternschaft-NRW.html (abgerufen am 29.04.2020).

MOBILE – Selbstbestimmtes Leben Behinderter e.v. (2021): *Informationsportal Begleitete Elternschaft NRW*. https://begleitete-elternschaft-nrw.de (abgerufen am 17.03.2021).

Mühl, Heinz (2006): Merkmale und Schweregrade geistiger Behinderung. In: Ernst Wüllenweber; Georg Theunissen & Heinz Mühl (Hrsg.): *Pädagogik bei geistigen Behinderungen. Ein Handbuch für Studium und Praxis* (S. 128–141). Stuttgart: Kohlhammer.

Nebel, Eckart (2018): Beratungsangebote, Kooperationen und Netzwerke. In: Der Paritätische Wohlfahrtsverband, LV Berlin e.V. (Hrsg.): *Begleitete Elternschaft – kombinierte Hilfen als Balanceakt. Grundlagen, Erfahrungen, Perspektiven* (S. 13–18). https://paritaetisches-jugendhilfeforum.de/fileadmin/user_upload/BegleiteteElternschaft_Mai_2018_final.pdf (abgerufen am 14.02.2020).

Niehoff, Ulrich (2016): Grundbegriffe selbstbestimmten Lebens. In: Bundesvereinigung Lebenshilfe e.V. (Hrsg.): *Vom Betreuer zum Begleiter. Eine Handreichung zur Leitidee der Selbstbestimmung* (S. 45–55). Marburg: Lebenshilfe-Verlag.

Orthmann Bless, Dagmar (2016): Erwachsenenalter und Elternschaft. In: Ingeborg Hedderich; Gottfried Biewer; Judith Hollenweger & Reinhard Markowetz (Hrsg.): *Handbuch Inklusion und Sonderpädagogik* (S. 496–500). Bad Heilbrunn: Julius Klinkhardt.

Orthmann Bless, Dagmar & Hellfritz, Karina-Linnéa (2016): *Eltern mit geistiger Behinderung und ihre Kinder unterstützen. Evaluation der Begleiteten Elternschaft in Deutschland. Befunde aus der SEPIA-D-Studie*. Freiburg: Heilpädagogisches Institut der Universität Freiburg/Schweiz.

Pitsch, Hans-Jürgen (2006): Normalisierung. In: Ernst Wüllenweber; Georg Theunissen & Heinz Mühl (Hrsg.): *Pädagogik bei geistigen Behinderungen. Ein Handbuch für Studium und Praxis* (S. 224–236). Stuttgart: Kohlhammer.

Pixa-Kettner, Ursula (2006): Elterliche Kompetenzen bei Eltern mit geistiger Behinderung. Ein Widerspruch in sich oder Anlass für einen Perspektivwechsel? *Jugendhilfe, 44* (3), S. 121–128.

Pixa-Kettner, Ursula (2007): *Elternschaft von Menschen mit geistiger Behinderung, Ergebnisse einer empirischen Nachfolgestudie und mögliche Schlussfolgerungen*. http://docplayer.org/17082551-Elternschaft-von-menschen-mit-geistiger-behinderung-ergebnisse-einer-empirischen-nachfolgestudie-und-moegliche-schlussfolgerungen.html (abgerufen am 28.01.2020).

Pixa-Kettner, Ursula (2015): Das Bremer Forschungsprojekt zur Elternschaft von Menschen mit geistiger Behinderung. In: Ursula Pixa-Kettner (Hrsg.): *Tabu oder Normalität? Eltern mit geistiger Behinderung und ihre Kinder* (S. 9–12). Heidelberg: Winter.

Pixa-Kettner, Ursula & Bargfrede, Stefanie (2015): Kinderwunsch von Menschen mit geistiger Behinderung. In: Ursula Pixa-Kettner (Hrsg.): *Tabu oder Normalität? Eltern mit geistiger Behinderung und ihre Kinder* (S. 73-85). Heidelberg: Winter.

Pixa-Kettner, Ursula & Rohmann, Kadidja (2012): *Besondere Familien – Welche Unterstützung brauchen Eltern mit Lernschwierigkeiten und ihre Kinder?* https://www.behinderte-eltern.de/pdf/Forschungsprojekt.pdf (abgerufen am 15.01.2020).

Pixa-Kettner, Ursula & Sauer, Bernhard (2015): Elterliche Kompetenzen und die Feststellung von Unterstützungsbedürfnissen in Familien mit geistig behinderten Eltern. In: Ursula Pixa-Kettner (Hrsg.): *Tabu oder Normalität? Eltern mit geistiger Behinderung und ihre Kinder* (S. 219-247). Heidelberg: Winter.

Prangenberg, Magnus (2002): *Zur Lebenssituation von Kindern, deren Eltern als geistig behindert gelten. Eine Exploration der Lebens- und Entwicklungsrealität anhand biografischer Interviews und Erörterung der internationalen Fachliteratur.* http://elib.suub.uni-bremen.de/publications/dissertations/E-Diss831_prangenberg.pdf (abgerufen am 02.04.2020).

Prangenberg, Magnus (2015): Zur Geschichte der internationalen Fachdiskussion über Elternschaft von Menschen mit einer geistigen Behinderung. In: Ursula Pixa-Kettner (Hrsg.): *Tabu oder Normalität? Eltern mit geistiger Behinderung und ihre Kinder* (S. 25-45). Heidelberg: Winter.

Sanders, Dietke (2013): Elternschaft von Menschen mit geistiger Behinderung. In: Georg Theunissen; Wolfram Kulig & Kerstin Schirbort (Hrsg.): *Handlexikon Geistige Behinderung. Schlüsselbegriffe aus der Heil- und Sonderpädagogik, Sozialen Arbeit, Medizin, Psychologie, Soziologie und Sozialpolitik* (2., überarb. u. erw. Aufl., S. 100f.). Stuttgart: Kohlhammer.

Sanders, Dietke (2015): Risiko- und Schutzfaktoren im Leben der Kinder von Eltern mit geistiger Behinderung. In: Ursula Pixa-Kettner (Hrsg.): *Tabu oder Normalität? Eltern mit geistiger Behinderung und ihre Kinder* (S. 161-192). Heidelberg: Winter.

Schneider, Petra (2015): Unterstützungsnetzwerke von Eltern mit Lernschwierigkeiten. In: Ursula Pixa-Kettner (Hrsg.): *Tabu oder Normalität? Eltern mit geistiger Behinderung und ihre Kinder* (S. 253-274). Heidelberg: Winter.

Schuntermann, Michael F. (2017): ICF. In: Deutscher Verein für öffentliche und private Fürsorge e.V. (Hrsg.): *Fachlexikon der Sozialen Arbeit* (8., völl. überarb. u. aktual. Aufl., S. 429f.). Baden-Baden: Nomos.

Speck, Otto (2013): Selbstbestimmung, Autonomie. In: Georg Theunissen; Wolfram Kulig & Kerstin Schirbort (Hrsg.): *Handlexikon Geistige Behinderung. Schlüsselbegriffe aus der Heil- und Sonderpädagogik, Sozialen Arbeit, Medizin, Psychologie, Soziologie und Sozialpolitik* (2., überarb. u. erw. Aufl., S. 323-324). Stuttgart: Kohlhammer.

Speck, Otto (2018): *Menschen mit geistiger Behinderung. Ein Lehrbuch zur Erziehung und Bildung* (13., aktual. Aufl.). München: Reinhardt.

Textor, Martin (n.d.): *Familie, Kita, Jugendhilfe und Beratung.* https://www.ipzf.de/dorf.html (abgerufen am 07.04.2020).

Umsetzungsbegleitung Bundesteilhabegesetz (n.d.): *Soziale Teilhabe.* https://umsetzungsbegleitung-bthg.de/beteiligen/fd-soziale-teilhabe/ (abgerufen am 02.02.2020).

Universität Freiburg Schweiz (n.d.): *SEPIA-D.* http://fns.unifr.ch/sepia/de/sepia-d/ (abgerufen am 27.03.2020).

Vlasak, Annette (2015): Rechtliche Fragen im Zusammenhang der Elternschaft von Menschen mit geistiger Behinderung. In: Ursula Pixa-Kettner (Hrsg.): *Tabu oder Normalität? Eltern mit geistiger Behinderung und ihre Kinder* (S. 91–126). Heidelberg: Winter.

Weltgesundheitsorganisation – Regionalbüro für Europa (n. d.): *Definition des Begriffs „geistige Behinderung".* http://www.euro.who.int/de/health-topics/noncommunicable-diseases/mental-health/news/news/2010/15/childrens-right-to-family-life/definition-intellectual-disability (abgerufen am 26.01.2020).

Werner, Annegret (2006): Was brauchen Kinder, um sich altersgemäß entwickeln zu können? In: Heinz Kindler; Susanna Lillig; Herbert Blüml; Thomas Meysen & Annegret Werner (Hrsg.): *Handbuch Kindeswohlgefährdung nach § 1666 BGB und Allgemeiner Sozialer Dienst (ASD)* (S. 81–84). München: Deutsches Jugendinstitut.

Westling, David; Plaute, Wolfgang & Theunissen, Georg (2006): Aktuelle Trends in der Pädagogik für Menschen mit geistiger Behinderung in den USA. In: Ernst Wüllenweber; Georg Theunissen & Heinz Mühl (Hrsg.): *Pädagogik bei geistigen Behinderungen. Ein Handbuch für Studium und Praxis* (S. 107–114). Stuttgart: Kohlhammer.

Wiesner, Reinhard (2017): Kindeswohl. In: Deutscher Verein für öffentliche und private Fürsorge e.V. (Hrsg.): *Fachlexikon der Sozialen Arbeit* (8., völl. überarb. u. aktual. Aufl., S. 489f.). Baden-Baden: Nomos.

Wilhelm, Antje (2018): Anforderungen an Fachkräfte. In: Der Paritätische Wohlfahrtsverband, LV Berlin e.V. (Hrsg.): *Begleitete Elternschaft – kombinierte Hilfen als Balanceakt. Grundlagen, Erfahrungen, Perspektiven* (S. 27–30). https://paritaetisches-jugendhilfeforum.de/fileadmin/user_upload/BegleiteteElternschaft_Mai_2018_final.pdf (abgerufen am 14.02.2020).

Anhang

Die 34 Kompetenzbereiche des PAM
1. Liste der elterlichen Kompetenzen (Skills Index Child & Parent) **Child Profile** 1. Feeding 2. Healthcare general 3. Healthcare Hygiene 4. Healthcare Warmth 5. Parental Responsiveness 6. Stimulation Visual 7. Stimulation Motor 8. Stimulation Language 9. Guidance and Control 10. Responsibility and Independence **Parent Profile** 11. Household Routines 12. Time Telling 13. Telephone Skills 14. Travel Skills 15. Budgeting 16. Shopping 17. Cooking 18. Washing 19. Hygiene in the Kitchen 20. Hygiene in the Living Room 21. Hygiene in the Bedroom 22. Hygiene in the Bathroom 23. General Safety 24. Safety in the Kitchen 25. Safety in Living Areas 26. Safety in Bedrooms 27. Safety in the Bathroom 28. Safety outside the Home 29. Safety – Abuse 30. Healthcare Mental 31. Healthcare Physical 32. Healthcare Self-Care 33. Relationships 34. Support & Ressources

McGaw, et. al., 1998,

aus: Pixa-Kettner & Sauer, 2015, S. 246

Anhang

| Beispielbild zu |
| Parents´ Knowledge and Understanding - Wissen und Verständnis |

| Parental Responsiveness |

"*Parents understands importance of holding a child to develop bonding and responds to different cries*
A. *What is happening in this picture?*
B. *What should be parent do?*
C. *Why is it important to attend to the child?*"
Abb. 2: *McGaw u.a. (1998) [Worksheets Child, 17-19]*

McGaw et. al., 1998,
aus: Pixa-Kettner & Sauer, 2015, S. 239

Auswertungskriterien zu		
Parents' Knowledge and Understanding - Wissen und Verständnis:		

Beispiel Parental Responsiveness
A. What is happening in this picture?
B. What should the parent do?

Knowledge	Criteria	Example Responses
Good	Response indicates that the parent should respond to the child's emotional and physical needs.	• Pick child up and comfort them • Need to spend time with child to calm him down • Find out why he's crying e. g. nappy changing • Check not in pain or discomfort
Adequate	Response makes some indication that the child needs their attention but does not elaborate.	• Think of child's needs (unspecified) • Pick child up (only) • Find out what child wants (unspecified)
Poor	Response doesn't acknowledge the child's need but instead focuses on the parents frustration	• Put the child to bed • Get someone to check that the child is not neglected • Contact someone else • Switch off • Leave the room for 10 mins to calm down

C. Why is it important to attend to the child?

Knowledge	Criteria	Example Responses
Good	Response indicates **two or more** reasons why it is important	• Children need to bond with their parents • Children need tob e touched • They need to know you love them • To develop properly
Adequate	Response indicates **one** reason why it is important	• Children can't fend for themselves • Babies need comfort and security • Could be something wrong
Poor	Response indicates no understanding of the child's needs	• Going to make himself worse – get hysterical • Because that's what parents do • Stop them crying

McGaw et. al., 1998,
aus: Pixa-Kettner & Sauer, 2015, S. 247

Anhang

Beispiel Wäsche waschen zu Skills - Fertigkeiten
Beispiel: 18. Washing 1. Parent washes family's clothes regularly. 2. Parent can operate a washing-mashine. 3. Parent uses a clothes basket for dirty washing. 4. Parent dries clothes thoroughly. 5. Parent can operate a tumble dryer. 6. Parent irons crumpled clothes. 7. Parent puts clothes away.
McGaw et. al., 1998, aus: Pixa-Kettner & Sauer, 2015, S. 240

Beispiel brennende Fettpfanne zu Skills - Fertigkeiten
Beispiel: 24. Safety in the Kitchen, Skill 3: Chip pans are used carefully "*What would you do if you had a chip pan fire?*"  *Abb. 3: McGaw et al. (1998) [Parent Booklet, 21]*

"Answer: a) turn oven off
              b) put damp tea towel/lid over pan
              c) call fire brigade if fire out of control
              d) get children out

Adequate skill: a) b) c) d) Poor Skill: Not all correct"
McGaw et al. 1998 [Instruction Book 32-33]
McGaw et. al., 1998, aus: Pixa-Kettner & Sauer, 2015, S. 240f.

Anhang

aus: Arbeitskreis Begleitete Elternschaft, 2011, S. 17

Checkliste für das erste Lebensjahr

Die Checkliste soll ganz konkrete Anhaltspunkte für den Unterstützungsbedarf in den „begleiteten Familien" geben und auf ggf. bestehende Risiken für die Kinder hinweisen. Während in der Spalte „Bedürfnisse des Kindes" mit Überbegriffen gearbeitet wird, wird daher in der Spalte „Anforderungen an die Eltern" sehr detailliert in Einzelfertigkeiten untergliedert. Für den Bereich Emotionale Beziehung und Entwicklung bietet die Anlage 6 ergänzende Beobachtungskriterien. Der jeweilige Hilfebedarf kann jedoch für den jeweils kompletten Bereich ermittelt werden.

Bedürfnisse des Kindes	Anforderungen an die Eltern	Hilfebedarf				Gefährdungspotential		
		JA	NEIN	Anleitung Wer?	Übernahme Wer?	NEIN	unklar	JA
	Grundanforderungen - Zeitliche Orientierung - Räumliche Orientierung - Erkennen von Personen und des eigenen Kindes - Telefonieren							
1. Persönliche und pflegerische Versorgung								
Ernährung								
Stillen	- zeitliche Orientierung - regelmäßiges Wiegen							

92

aus: Arbeitskreis Begleitete Elternschaft, 2011, S. 18

Bedürfnisse des Kindes	Anforderungen an die Eltern	Hilfebedarf				Gefährdungspotential		
		JA	NEIN	Anleitung Wer?	Übernahme Wer?	NEIN	unklar	JA
Flasche	- Handling (Bäuern...) - spezielle Ernährung der Mutter - Umgang mit Skalen - einfache mathemat. Fähigkeiten - Uhr lesen können - hygienisches Handling - Überwachung der Trinkmenge - Handling des Fütterns (Bäuern)							
Flüssigkeit	- Einschätzung des Kindesbedarfs an zusätzlichen Getränken							
Ernährungsumstellung/ Zufüttern	- altersgemäße Nahrungsumstellung bzw. Einholen von Infos dazu - Handling der Fütterns							
Hygiene								
Wickeln	- regelmäßig und nach Bedarf - passende Windelgröße - Handling beim Wickeln - unfallfreier Ort - Arbeitsplatz rüsten - Raumtemperatur beachten							

Anhang

aus: Arbeitskreis Begleitete Elternschaft, 2011, S. 19

Bedürfnisse des Kindes	Anforderungen an die Eltern	Hilfebedarf				Gefährdungspotential		
		JA	NEIN	Anleitung Wer?	Übernahme Wer?	NEIN	unklar	JA
Körperpflege	- Sorgfältiges Reinigen - Handling beim Baden - Hautpflege - Nabelpflege							
Wäschepflege	- ausreichend Wäsche, Handtücher, Waschlappen, Bettwäsche - regelmäßiges Waschen der Wäsche - regelmäßiges, bedarfsorientiertes Wechseln der Wäsche - funktionale Strukturierung (Trennen von sauberer und schmutziger Wäsche, Ordnung im Schrank o. ä.)							
Krankheit / Gesundheit								
Krankheit erkennen	- Erkennen von Symptomen und angemessene Reaktion - Fiebermessen und Einschätzen - Lesenkönnen (z. B. Beipackzettel)							
Mit Krankheit umgehen	- Arzt aufsuchen - Diagnose des Arztes und seine Anweisungen verstehen							

aus: Arbeitskreis Begleitete Elternschaft, 2011, S. 20

Bedürfnisse des Kindes	Anforderungen an die Eltern	Hilfebedarf				Gefährdungspotential		
		JA	NEIN	Anleitung Wer?	Übernahme Wer?	NEIN	unklar	JA
	- Medikamentengabe							
	- Einleitung und Einhaltung von Therapien							
Notfälle	- Notfallplanung erstellen							
	- Erste Hilfe im akuten Notfall (z. B. Verschlucken)							
Gesundheitsprophylaxe	- Wahrnehmen der Impf- und Vorsorgetermine							
Unfallverhütung/ Gefahren (Steckdosen, Fenster, Verschlucken...)	- Erkennen - Einschätzen - Beseitigen - Verhindern							
Tägliche Beobachtungen	- Hautbeschaffenheit/-farbe - Stuhlgang - Körpertemperatur - Lautäußerungen einschätzen - Gewichtsveränderungen - Schlafverhalten - Zähne - Gehör - Augen							

Anhang

aus: Arbeitskreis Begleitete Elternschaft, 2011, S. 21

Bedürfnisse des Kindes	Anforderungen an die Eltern	Hilfebedarf				Gefährdungspotential		
		JA	NEIN	Anleitung Wer?	Übernahme Wer?	NEIN	unklar	JA
Handling	- Bewegung - Kommunikation, u. a. Lautieren - Kind aufnehmen/ ablegen - Tragen - An- und Ausziehen - Lagerung - angemessene Kleidung							
Tagesstruktur	-							
Rhythmus	- zeitliche Orientierung - Kalender/ Uhr lesen - regelmäßige Fütterzeiten - regelmäßige Schlafzeiten - regelmäßige Hygiene							
	- Sinnvolle Abstimmung außerhäuslicher Termine - regelmäßige Freizeitaktivitäten/ Sozialkontakte - Koordination von Haushalt und elterlichen Bedürfnissen - Sinnvolle Tagesplanung							

aus: Arbeitskreis Begleitete Elternschaft, 2011, S. 22

Bedürfnisse des Kindes	Anforderungen an die Eltern	Hilfebedarf				Gefährdungspotential		
		JA	NEIN	Anleitung Wer?	Übernahme Wer?	NEIN	unklar	JA
2. Häusliches Umfeld								
Wohnverhältnisse	- angemessene Größe und Aufteilung - unbedenklicher Zustand der Wohnung (Schimmelbefall, Ungeziefer …) - Anpassung an vorhandener Infrastruktur (kurze Wege zu Kita, Arzt, Einkaufsmöglichkeiten) - Ausstattung mit Heizung, Strom und Wasser - Ausreichendes Mobiliar							
Wohnhygiene	- Erkennen und Einhalten eines gesundheitlich unbedenklichen Hygienestandards - Fortlaufendes Überprüfen einer kindersicheren Ordnung (Steckdosen, Lagern von Putzmitteln, Aschenbechern…) - Regelmäßiges Aufräumen und Putzen - Regelmäßiges Lüften (spez. Raucher) - Artgerechte Haltung und Versorgung von Haustiere							

aus: Arbeitskreis Begleitete Elternschaft, 2011, S. 23

Bedürfnisse des Kindes	Anforderungen an die Eltern	Hilfebedarf				Gefährdungspotential		
		JA	NEIN	Anleitung Wer?	Übernahme Wer?	NEIN	unklar	JA
3. Emotionale Beziehung /Entwicklung	*Siehe auch Beobachtungskriterien für den Bereich Emotionale Beziehung und Entwicklung/Anlage 6*							
Bindung, Schutz, Sicherheit	- Kontaktaufnahme der Eltern zum Kind		-					
	- Zeitnahe und angemessene Reaktion der Eltern auf Signale des Kindes							
	- emotional Verfügbarkeit der Eltern für das Kind							
	- Herstellen von Körperkontakt zum Kind							
	- Interesse am Kind zeigen							
	- eigene Bedürfnisse zurückstellen							
Geborgenheit und (Selbst)-Sicherheit	- Aufmerksamkeit und aktives Interesse zeigen							
	- Routine in den Lebensalltag bringen							
	- Anregungsreiche Umgebung schaffen							
4. Allgemeine Entwicklungsförderung								
Entwicklung	- altersgerechte Beschäftigung							
	- altersgerechte Förderung							
	- altersgerechte Kommunikation							
Regeln/ Grenzen	- Rituale einführen							
	- sinnvolle Grenzen setzen							

Anhang

> aus: Arbeitskreis Begleitete Elternschaft, 2011, S. 30

Beobachtungskriterien für den Bereich Emotionale Beziehung und Entwicklung

(siehe Checkliste für das erste Lebensjahr/Anlage 4 und Checkliste für Kinder im Alter vom ersten Lebensjahr bis zum Grundschulalter/Anlage 5)

Wie ist die Kontaktaufnahme der Eltern/Mutter/Vater zum Kind?
- Suchen sie Blickkontakt zum Kind, z.B. beim Füttern?
- Wie ist die Ansprache (freundlich, kindgerecht, ermunternd, respektvoll)?
- Wie ist Mimik und Gestik?
- Entsteht eine Interaktion zwischen Eltern und Kind?
- Sind Pflege- und Versorgungssituationen beziehungsvoll?
- Können die Eltern entspannte Situationen mit dem Kind schaffen?
- Sind die Eltern oft genervt oder gereizt?

Wie reagieren die Eltern auf Signale des Kindes?
- Können sie die Signale richtig deuten? Sind sie feinfühlig?
- Gehen sie zeitnah darauf ein?
- Reagieren sie angemessen?
- Können die Eltern das Kind trösten und beruhigen?

Sind die Eltern für das Kind emotional verfügbar?
- Sind sie aufmerksam?
- Gehen sie auf das Kind ein?
- Nehmen sie Stimmungen des Kindes auf und zeigen Anteilnahme?
- Haben Eltern und Kind gemeinsam Freude?

Suchen die Eltern Körperkontakt zum Kind?
- Können sie den Körperkontakt auf die Situation abstimmen?
- Haben sie einen Blick für die Bereitschaft des Kindes?
- Ist der Körperkontakt zärtlich oder grob, zu wenig oder zu viel?

Sind die Eltern interessiert am Kind?
- Sehen sie Entwicklungsschritte?
- Schätzen sie die Entwicklung richtig ein?
- Sind die Erwartungen an das Kind angemessen?
- Sind sie stolz auf das Kind, zeigen Freude über seine Entwicklung?
- Wie gestalten sie das Zimmer?

Anhang

> **aus: Arbeitskreis Begleitete Elternschaft, 2011, S. 31**

Beobachtungskriterien für den Bereich Emotionale Beziehung und Entwicklung

- Sind sie in der Lage und bereit zu reflektieren?
- Sind sie offen für Anregungen?
- Fördern sie das Kind angemessen? Nehmen sie sich dafür Zeit?
- Wie sprechen die Eltern über das Kind?
- Nehmen sie ihre Fürsorgerolle an?

Können die Eltern eigene Bedürfnisse zurückstellen? Behalten die Eltern bei ihrer eigenen Befindlichkeit das Kind im Blick?

- Investieren die Eltern Zeit und Mühe für das Kind?
- Können die Eltern eigene Wünsche aufschieben oder verzichten?
- Können die Eltern Hilfe suchen und annehmen?
- Nehmen die Eltern ihre eigene Befindlichkeit wahr?
- Können sie für Entlastung sorgen?
- Können die Eltern sich in Stresssituationen regulieren?
- Geben die Eltern das Kind übermäßig viel an andere Personen ab?

Wie verhält sich das Kind in bindungsrelevanten Situationen (d.h. Situationen, die beim Kind emotionale Belastung auslösen)?

- Wendet sich das Kind bei Müdigkeit, Hunger, Schmerz etc. an die Eltern?
- Lässt sich das Kind von den Eltern beruhigen und trösten?
- Zeigt das Kind (entwicklungsgemäß) Unterschiede in Freundlichkeit und Kontaktbereitschaft gegenüber Eltern, vertrauten und unvertrauten Personen)?
- Wie reagiert das Kind auf Trennung von den Eltern und Rückkehr der Eltern?
- Sucht das Kind Körperkontakt zu den Eltern?
- Teilt sich das Kind den Eltern mit?
- Weist das Kind die Eltern ab?
- Reagiert das Kind furchtsam gegenüber den Eltern?

Gibt es bedeutsame biografische Aspekte?

- Wie wurde die Schwangerschaft erlebt?
- Konnten die Eltern in der eigenen Kindheit ein positives Modell elterlicher Fürsorge aufbauen?
- Liegen bei den Eltern Traumatisierungen vor?
- Besteht eine psychische Erkrankung